Manon Sander

D1997209

Aufgabensammlung Sachrechnen

Handlungsorientierte Textaufgaben aus der Lebenswirklichkeit der Kinder

Klasse 2–4

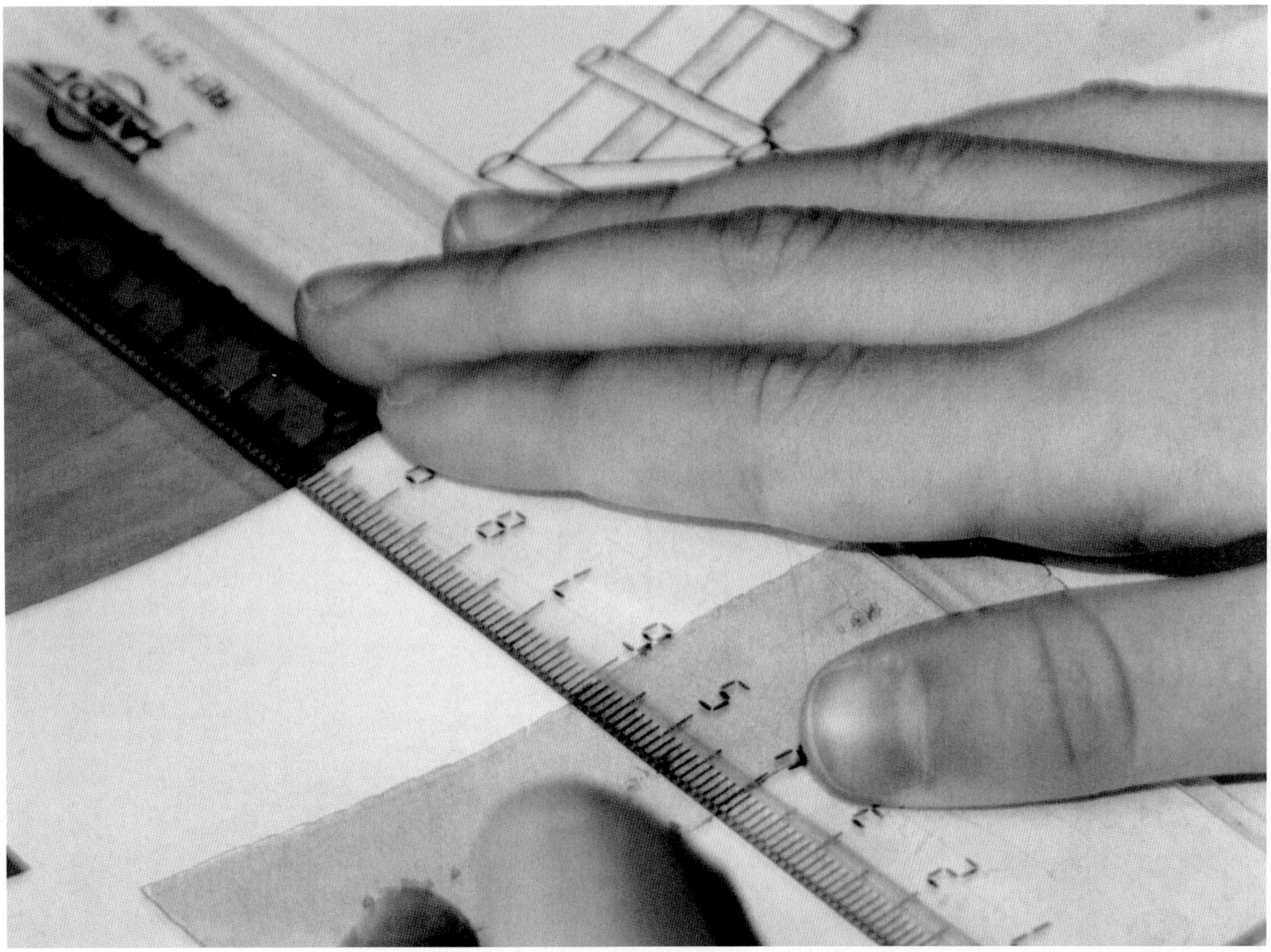

Auer Verlag GmbH

Gedruckt auf umweltbewusst gefertigtem, chlorfrei gebleichtem
und alterungsbeständigem Papier.

1. Auflage 2010
Nach den seit 2006 amtlich gültigen Regelungen der Rechtschreibung
© by Auer Verlag GmbH, Donauwörth
Alle Rechte vorbehalten
Das Werk und seine Teile sind urheberrechtlich geschützt. Jede Nutzung in anderen als den gesetzlich zugelassenen Fällen bedarf der vorherigen schriftlichen Einwilligung des Verlages.
Hinweis zu § 52 a UrhG: Weder das Werk noch seine Teile dürfen ohne eine solche Einwilligung eingescannt und in ein Netzwerk eingestellt werden. Dies gilt auch für Intranets von Schulen und sonstigen Bildungseinrichtungen.
Illustrationen im Innenteil: Sandra Schmidt, Berlin
Satz: Satzpunkt Ursula Ewert GmbH, Bayreuth
Druck und Bindung: Aubele Druck GmbH, Bobingen
ISBN 978-3-403-0**6600**-2

www.auer-verlag.de

Inhaltsverzeichnis

Vorwort

Der Anfangsunterricht im Fach Mathematik erfolgt sehr praxisnah. Man arbeitet zum Beispiel mit Bildergeschichten, die die Schülerinnen und Schüler zum Reden animieren sollen. Das kann die Geschichte des Luftballonverkäufers sein, der auf dem ersten Bild sieben Luftballons in der Hand hält und auf dem nächsten nur noch drei. Oder es spielen drei Kinder zusammen und fünf kommen dazu. Meistens entwickeln die Schülerinnen und Schüler sehr schnell die richtigen Aufgaben zu diesen Bildern und können dazu Geschichten erzählen.

In der 4. Klasse kann das aber schon wieder ganz anders aussehen. Stellt man hier die Aufgabe: „In einem Bus sitzen 38 Personen. Zwei Stationen später sind es nur noch 17.", weiß plötzlich mindestens die Hälfte nichts damit anzufangen. Jegliche Anschaulichkeit ist verschwunden.

Die Kinder schaffen es nicht, Ergebnisse abzuschätzen, und sobald Größen ins Spiel kommen, ist es mit der Vorstellungskraft der einzelnen ganz vorbei. Viele Schülerinnen und Schüler würden, ohne zu zögern, nicken, wenn man ihnen sagt, dass ein Schwimmbecken mit 20 Litern gefüllt ist.

Diesem Umstand muss dringend entgegengewirkt werden. Mathematische Größen müssen den Schülerinnen und Schülern immer wieder vor Augen geführt werden und der Umgang mit Textaufgaben, vor allem im Alltag, sollte ständig neu geprüft und umgesetzt werden. Unabdingbar sind dabei Aufgaben, die der Lebenswirklichkeit der Schülerinnen und Schüler entsprechen, oder sogar Aufgaben, die so praxisorientiert sind, dass sie direkt umgesetzt und auf ihre Richtigkeit überprüft werden können. Wer zum Beispiel einmal 500 g Zucker in der Hand gehalten hat und sich bewusst gemacht hat, wie viel das eigentlich genau ist, der würde danach nie wieder behaupten, diese Menge auf einem Teelöffel in seinen Tee gerührt zu haben.

In diesem Werk werden Sie zahlreiche Aufgaben finden, mit denen es Ihren Schülerinnen und Schülern leichter fallen wird, Textaufgaben zu verstehen und ein Verständnis für Größen zu entwickeln. Die Aufgaben können direkt umgesetzt und bearbeitet werden. Sie sind für Schülerinnen und Schüler von der 2. bis zur 4. Klasse geeignet.

Viel Erfolg und Freude beim Rechnen wünscht Ihnen

Manon Sander

Manon Sander: Aufgabensammlung Sachrechnen
© Auer Verlag GmbH, Donauwörth

Zum Einsatz der Sachaufgaben

Im Mathematikunterricht der Grundschule müssen die Schülerinnen und Schüler das Handwerk des Rechnens lernen. Es ist einfach notwendig, dass die Grundrechenarten beherrscht werden. Gleichzeitig muss aber bei den Kindern die Fähigkeit ausgebildet werden, das Rechenhandwerk auf abstraktere Sachverhalte, wie Textaufgaben, anzuwenden. Sie sollen lernen, Aufgaben, die vielleicht am Anfang schwierig erscheinen, mit den ihnen bekannten und zur Verfügung stehenden rechnerischen Mitteln zu lösen. Ein wesentlicher Aspekt ist hierbei auch der Austausch mit anderen über den Lösungsweg. Am Anfang wird diese Art von Übungen nicht ganz so schnell zu lösen sein – durch das richtige Training wird es aber immer einfacher werden.

Geben Sie den Schülerinnen und Schülern ausreichend Zeit, sich in die Aufgaben hineinzufinden und diese zu verstehen. Wenn ein neuer Aufgabentyp eingeführt wird, benötigen die Kinder vorab eine Anleitung.

Sie finden in diesem Band Sachaufgaben für die Klassen 2 bis 4. Die Aufgaben decken jeweils das komplette Leistungsspektrum eines Schuljahrs ab. Sie können deshalb auch von Klasse zu Klasse unterschiedlich eingesetzt werden. So eignen sich zum Beispiel die Aufgaben der 2. Klasse teilweise sowohl für besonders fitte und schnelle Erstklässler wie auch zur Förderung zu Beginn der 3. Klasse. Die Schwierigkeitsgrade (leicht – mittel – schwer) der einzelnen Sachaufgaben können Sie der jeweiligen Übersicht entnehmen, die jeder Klasse vorangestellt sind. Bei manchen Aufgaben ist der Schwierigkeitsgrad variabel.

Inhaltlich sind die Sachaufgaben in drei Kategorien eingeteilt:

1) Aufgaben mit Bezug zur Lebenswirklichkeit
2) Handlungsorientierte Aufgaben
3) Statistische Aufgaben

Bei den sogenannten *Aufgaben mit Bezug zur Lebenswirklichkeit* handelt es sich im Wesentlichen um klassische Sachaufgaben, wie man sie zum Beispiel in den Schulbüchern findet. Das Besondere an den hier enthaltenen Aufgaben ist allerdings, dass die Themen so gewählt wurden, dass sie sehr eng mit der Lebenswelt der Kinder und vor allem auch ihrem Interessensbereich verknüpft sind. So werden die Kinder Freude haben, sich mit den einzelnen Aufgaben auseinanderzusetzen, weil sie sich in den Themen wiederfinden werden.

Innerhalb dieser Kategorie gibt es zwei spezielle Aufgabentypen, bei denen es wichtig ist, den Schülerinnen und Schülern vorab das Prinzip zu erläutern.

Einmal handelt es sich um Aufgaben mit kleinen Textkärtchen, auf denen eine Fülle an Informationen enthalten sind – mehr, als für die Rechenaufgabe relevant sind. Die Kinder müssen die Informationen aussortieren, die nicht für die Lösung benötigt werden, um dann die Informationen zu verwerten, die wesentlich sind für die Aufgabenstellung. Die Schülerinnen und Schüler bekommen die Textkärtchen aneinanderhängend ausgeteilt. Sie schneiden sie auseinander und kleben dann die relevanten auf. Diese Arbeit kann auch als Kleingruppenarbeit ausgeführt werden. Das hat den Vorteil, dass die Schülerinnen und Schüler miteinander über ihre Ideen, und Lösungsvorschläge sprechen müssen, um dann gemeinsam den (hoffentlich) richtigen Weg zu finden.

Manon Sander: Aufgabensammlung Sachrechnen
© Auer Verlag GmbH, Donauwörth

Für den Fall, dass die Schülerinnen und Schüler noch nicht in der Lage sind, Antwortsätze zu formulieren, können Teile der Antwort vorgegeben werden. Durch das Zusammenspiel von Text und Zeichnung können die Kinder auch dann die Aufgabe verstehen, wenn sie noch Probleme mit dem Erlesen haben.

Als zweiten speziellen Aufgabentyp findet man sogenannte Partneraufgaben. Diese bestehen immer aus zwei Teilen. Jeder Partner bekommt einen Teil der Aufgabe und kann aber seine Frage nicht beantworten, ohne die Informationen zu haben, die der andere hat. Die beiden müssen also miteinander ins Gespräch kommen. Es sollen dabei die Zettel nicht getauscht werden, sondern es soll ein Gespräch angebahnt werden.

Die Aufgaben aus der Kategorie *Aufgaben mit Bezug zur Lebenswirklichkeit* eignen sich auch alle für eine Stationsarbeit. Stellen Sie dazu Tische zur Verfügung, an denen sich immer zwei oder drei Kinder treffen können, um die Aufgaben zu besprechen. Wenn beide oder alle drei das gleiche Ergebnis haben, können sie sich die nächste Aufgabe holen und diese bearbeiten. Pro Klassenstufe sind von dieser Kategorie sechzehn Aufgaben enthalten.

Bei den Sachaufgaben der Kategorie *Handlungsorientierte Aufgaben* geht es darum, dass die Kinder sich anhand einer Tätigkeit wie Basteln, Backen, Zeichnen, Bauen usw. mit mathematischen Sachverhalten auseinandersetzen, die Mathematik für die Schülerinnen und Schüler durch die Handlungsorientierung aber auf den ersten Blick mehr eine Nebenrolle spielen wird. Am Ende der Aufgabe steht immer ein Produkt – die Schüler halten etwas in den Händen. Gleichzeitig werden aber wichtige mathematische Inhalte umgesetzt. So soll den Kindern vermittelt werden, wie praxisnah Mathematik eingesetzt werden kann, damit sie erkennen, wie wichtig es auch in ihrem Alltag ist, rechnen zu können. Von diesen handlungsorientierten Aufgaben finden sich für jede Klassenstufe zehn Aufgaben.

Die Aufgaben der Kategorie *Statistische Aufgaben* zielen auf einen ähnlichen Aspekt ab wie die Aufgaben mit Handlungsorientierung. Auch hier wird die Mathematik aktiv und mit starkem Alltagsbezug eingesetzt. Die Schüler sammeln Informationen, führen Umfragen durch und erstellen Listen. Sie vergleichen, bewerten und arbeiten mit Diagrammen – immer zu Themen aus ihrem eigenen Umfeld. Von dieser Kategorie enthält dieser Band vier Aufgaben pro Klassenstufe.

Die einzelnen Aufgaben beinhalten – unabhängig von der jeweiligen Kategorie – oft mehrere Teilaufgaben, die unabhängig voneinander und differenziert eingesetzt werden können, sodass sie den individuellen Leistungsstand der Schülerinnen und Schüler berücksichtigen können, diesen aber auf den ersten Blick nicht ersichtlich wird, dass jemand vielleicht schwierigere Aufgaben bearbeitet hat.

Die Aufgaben entsprechen dem, womit sich die Kinder beschäftigen, ohne auf allzu modernen Strömungen einzugehen. Damit ist sichergestellt, dass auch in ein paar Jahren auch nicht Themen plötzlich komplett uninteressant sind.

Manon Sander: Aufgabensammlung Sachrechnen
© Auer Verlag GmbH, Donauwörth

Viele Aufgaben sollen einen Anreiz bieten, miteinander ins Gespräch zu kommen, Ergebnisse zu vergleichen und sich gegenseitig Hilfestellung zu geben. Unterschiedlich entwickelte Lösungsansätze können – wenn man sie sich gegenseitig erklärt – oft helfen, einen anderen Blick auf die Aufgaben zu erhalten und ein mathematisches Verständnis zu entwickeln. Lassen Sie Ihre Schülerinnen und Schüler auch über Lösungen diskutieren – denn nur wenn man eigene Fehler erkennt, dann kann man aus ihnen lernen und verhindern, dass man sie in Zukunft erneut macht. Die einfache Aussage „richtig" oder „falsch" hilft da nicht wirklich weiter!

Für viele Aufgaben benötigen die Schülerinnen und Schüler ihr Heft, Stifte, Schere und Klebstoff. In manchen Aufgaben muss gemessen oder gewogen werden. Für die Aufgaben der Kategorie *Handlungsorientierte Aufgaben* braucht man häufig zusätzliche Materialien, wie zum Beispiel Lebensmittel. Wenn das der Fall ist, steht das immer am Anfang der Aufgabe. Diese Materialien müssten vorab besorgt werden. Am besten informiert man die Schülerinnen und Schüler ein oder eher noch zwei Tage zuvor über das, was sie mitbringen sollen.

Am Ende des Buches finden Sie einen Lösungsteil. Da manche Lösungen nicht sofort auf den ersten Blick ersichtlich sind oder es verschiedene Lösungsmöglichkeiten gibt, sind im Lösungsteil nicht nur die Lösungen angegeben, sondern die kompletten Lösungswege und die alternativen Lösungen ebenfalls mit ihren Wegen. Einige Aufgaben sind so gestellt, dass sie das Stellen von einfachen und komplizierten Wegen zulassen. Es kann allerdings trotzdem vorkommen, dass es noch eine ganz andere Lösung gibt, zum Beispiel unter Berücksichtigung einer besonderen Fragestellung, die hier nicht in Betracht gezogen wurde. Lassen Sie diese Lösung zu, wenn sie richtig ist, oder überdenken Sie die Fragestellung noch einmal genauer und finden sie dann die entsprechende korrekte Lösung.

Die Aufgaben dieses Bandes sind als Ergänzung für den Mathematikunterricht gedacht, damit dieser andere Aspekte und Blickwinkel erhält, die die Wichtigkeit und Relevanz für den Alltag unterstreichen und bei den Kindern ein gewisses Grundverständnis erzeugt, dass Mathematik eine große Rolle im alltäglichen Leben spielt.

Manon Sander: Aufgabensammlung Sachrechnen
© Auer Verlag GmbH, Donauwörth

Klasse 2: Übersicht

= leicht   = mittel   = schwer

Aufgaben mit differenzierten Aufgabestellungen können mehreren Schwierigkeitsstufen zugeordnet werden.

Aufgaben mit Bezug zur Lebenswirklichkeit

Nr.				
①	Im Zoo bei den Hasen	✗	✗	✗
②	Viele Hasen		✗	
③	Sportstunden	✗	✗	
④	Spielzeugautos	✗	✗	✗
⑤	Kindergeburtstag		✗	
⑥	Am Badesee		✗	
⑦	In welcher Stunde?			✗
⑧	Milch, Kakao und Vanillemilch		✗	
⑨	Ein Turm aus Legosteinen			✗
⑩	Aquarium	✗		
⑪	Schneeballschlacht			✗
⑫	Schlittenfahrt		✗	
⑬	Schneewand	✗		
⑭	Wie viele Äpfel kommen in den Obstsalat?	✗	✗	✗
⑮	Wie viele Kinder haben am Ende der zweiten Klasse das Seepferdchen?	✗	✗	✗
⑯	Plus (+) Minus (-) Mal (·) Geteilt (:)	✗		

Handlungsorientierte Aufgaben

Nr.				
⑰	Fruchtmarmelade		✗	
⑱	Murmelwettbewerb	✗		
⑲	Wir backen einen Kuchen		✗	✗
⑳	Treppe hoch und wieder runter	✗	✗	✗
㉑	Rechnen mit Geld	✗	✗	✗
㉒	Kastanienmännchen		✗	
㉓	Wie lautet meine Zahl?	✗	✗	
㉔	Viele gleiche Sachen in deiner Schule	✗	✗	✗
㉕	Kinder in unserer Schule		✗	✗
㉖	Was kannst du daraus bauen?		✗	✗

Statistische Aufgaben

Nr.				
㉗	Haustiere in unserer Klasse	✗		
㉘	Sicherheit im Auto		✗	
㉙	Bücherei			✗
㉚	Frühstück		✗	

Manon Sander: Aufgabensammlung Sachrechnen
© Auer Verlag GmbH, Donauwörth

① Im Zoo bei den Hasen

Wie viele Hasen sind am Ende der Woche im Stall?

In den Ställen im Zoo leben 9 Hasen.	Eine kleine Maus holt sich jeden Tag ihr Futter bei den Hasen.	5 Hasen sind schwarz, einer davon hat weiße Pfötchen.
Am Mittwoch werden 4 Jungtiere geboren.	Im Zoo kann man auch Hasen kaufen. Einer kostet 15 €.	Familie Dröge kauft am Freitag 2 Hasen.
Auch Familie Pieper kauft am Freitag einen Hasen.	Jeder erwachsene Hase bekommt abends eine Möhre.	Mikka muss seine zwei Hasen wieder abgeben, weil seine Schwester allergisch ist. Er bringt sie am Samstag zurück in den Zoo.

② Viele Hasen

Simon und Sven haben drei Zwerghasen. Zwei von ihnen haben Junge bekommen. In dem einen Wurf sind 5 Junge und im anderen 6. Eigentlich möchten sie alle behalten, doch die Mutter erlaubt ihnen nur, 5 Hasen zu behalten.

Für wie viele Tiere müssen die beiden nun ein neues Zuhause suchen?

Hast du eine Idee, wohin sie die Tiere bringen können, wenn sie keine netten neuen Besitzer finden?

Manon Sander: Aufgabensammlung Sachrechnen
© Auer Verlag GmbH, Donauwörth

③ Sportstunden

Die Klasse 2d hat 3-mal in der Woche Sport – jeweils eine Stunde.
In der Klasse sind 27 Kinder.

Montag: Übungen am Kasten

Heute sollen Übungen am Kasten gemacht werden. Alle Kinder sind da. Wie viele Kästen müssen aufgestellt werden, wenn immer drei Kinder an einem Kasten zusammen turnen sollen?

Dienstag: Jonglieren mit Tüchern

Katharina kann heute nicht am Sportunterricht teilnehmen, weil sie Bauchschmerzen hat. Phillip hat sein Sportzeug vergessen und kann deshalb auch nicht mitmachen. Heute möchte die Lehrerin Übungen mit Tüchern durchführen. Sie selbst und jedes Kind bekommen zwei Tücher. Wie viele Tücher werden benötigt?

Freitag: Bodenturnen

Katharina ist jetzt richtig krank. Sinem und Franco sind bei einem Schwimmwettkampf. Immer vier Kinder sollen sich zusammen eine Turnmatte holen und sich darauf setzen. Wie viele Matten liegen in der Turnhalle?

Manon Sander: Aufgabensammlung Sachrechnen
© Auer Verlag GmbH, Donauwörth

④ Spielzeugautos

Wie viele Autos sind am Abend noch heile?

Lisa und Marie treffen sich um 15.00 Uhr zum Spielen.	Sie wollen heute mit Autos spielen.	Lisa hat 12 Autos mitgebracht.
Marie hat 6 Autos und holt noch 7 von ihrem Bruder dazu.	8 Autos sind rot.	Sie spielen mit der Parkgarage.
Sie stoppen, wie lange die Autos brauchen. Das schnellste ist in 12 Sekunden unten, das langsamste in 35 Sekunden.	Gegen 18.00 Uhr muss Lisa nach Haus.	Maries Bruder ist sauer. Eines seiner Autos ist kaputtgegangen!

⑤ Kindergeburtstag

Partneraufgabe A
Simon wird in der nächsten Woche 8 Jahre alt. Er ist ganz aufgeregt. Was wird er wohl für Geschenke bekommen? Für seine Feier mit seinen Freunden hat er schon eine Packung mit 25 Luftballons gekauft. Außerdem hat seine Mutter 30 Muffins gebacken.

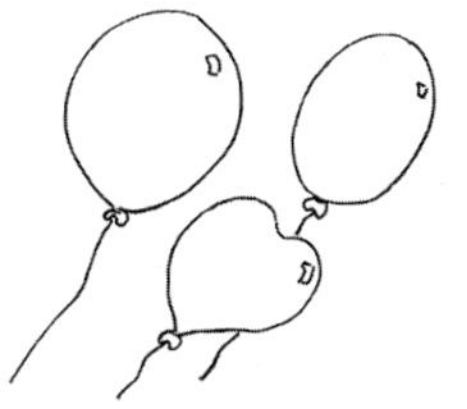

Wie viele Luftballons kann jedes Kind mitnehmen und wie viele bleiben übrig?

✂- - - - - - - - - - - - - - - - - - - -

Partneraufgabe B
Zu Simons Geburtstagsfeier kommen 9 Kinder. Die Feier beginnt um 15.00 Uhr und endet gegen 19.00 Uhr. Simon freut sich schon sehr darauf. Er hat Luftballons gekauft und seine Mutter hat Muffins gebacken.

Wenn alle Kinder gleich viele Muffins essen würden, wie viele könnte dann jeder essen?

Manon Sander: Aufgabensammlung Sachrechnen
© Auer Verlag GmbH, Donauwörth

⑥ Am Badesee

Partneraufgabe A
Merle und ihr Bruder Mattis sind mit ihrem Vater an den Badesee gefahren. Das Wetter ist toll, die Sonne scheint. Die Kinder möchten gern ein Eis essen. Der Vater gibt ihnen 3 € mit. Reicht das Geld?

Partneraufgabe B
Am Badesee ist eine Menge los. Merle und ihr Bruder Mattis wollen sich Eis kaufen. Eine Kugel kostet 50 Cent. Merle nimmt Erdbeer und Zitrone, Mattis Vanille und Schokolade. Wie viel Geld haben sie übrig?

⑦ In welcher Stunde?

In welcher Stunde hat Per denn nun Sport?

⑧ Milch, Kakao und Vanillemilch

In der Klasse 2c wird die neue Milchbestellung aufgenommen. 8 Kinder möchten gern Kakao trinken. 3 Kinder nehmen Milch und 4 Kinder möchten Vanillemilch haben.

In der Klasse sind 26 Kinder.

Wie viele Kinder bestellen nichts?

Wie sieht es in eurer Klasse aus? Was wird da bestellt?

Manon Sander: Aufgabensammlung Sachrechnen
© Auer Verlag GmbH, Donauwörth

9 Ein Turm aus Legosteinen

Jonas möchte einen hohen Turm aus Legosteinen bauen. Dazu benötigt er möglichst viele Steine mit 8 Noppen.

Er hat folgende Steine:

- 18 rote
- 5 blaue
- 3 hellblaue
- 6 grüne
- 2 weiße
- 3 durchsichtige
- 1 violetter
- 2 gelbe

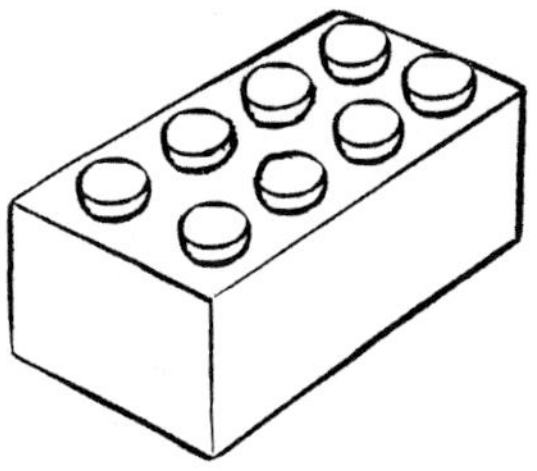

Für jede Schicht benötigt er zwei von den Steinen. Wie viele Schichten hat der Turm?

10 Aquarium

a) Die Klasse 2b hat ein Aquarium mit Zierfischen. Darin leben 12 Neon-Regenbogenfische.

Nach einem Wochenende schwimmen plötzlich 9 kleine Fische mit im Aquarium.

Wie viele Fische sind nun im Wasser?

b) Die Regenbogenfische brauchen eine bestimmte Wassertemperatur. Das Wasser darf höchstens 28 Grad Celsius warm sein. Es darf auch nicht zu kalt werden. Die Temperatur darf nur 6 Grad Celsius kälter werden.

Wie warm muss das Wasser mindestens sein?

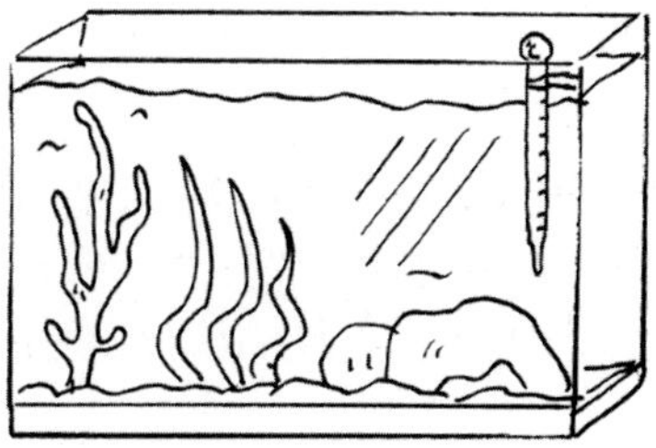

Manon Sander: Aufgabensammlung Sachrechnen
© Auer Verlag GmbH, Donauwörth

(11) Schneeballschlacht

Die Klasse 2b macht einen Ausflug im Schnee. Plötzlich kommt Jurek auf die Idee, eine Schneeballschlacht zu machen. „OK“, sagt der Klassenlehrer, Herr Reiners. „Wir teilen die Klasse in 4 Gruppen ein, jedes Kind hat 3 Würfe. Abgeworfen werden muss der Baum dort vorne.

In der Klasse sind 12 Jungen und 16 Mädchen. Wie viele Kinder sind in einer Gruppe und wie viele Bälle darf jede Gruppe werfen?

(12) Schlittenfahrt

Die 27 Kinder aus der Klasse 2c der Grundschule West wollen Schlittenfahren. Jeweils 2 Kinder können auf einem Schlitten sitzen.

Wie viele Schlitten müssen die Kinder mitnehmen?

(13) Schneewand

Lena und Rojin bauen eine Schneewand aus Schneebällen. Die anderen Kinder sollen die Bälle dann abwerfen.

In der untersten Schicht liegen 10 Bälle, in jeder Schicht wird ein Ball weniger benötigt. Wie viele Schneebälle müssen insgesamt verbaut werden?

Manon Sander: Aufgabensammlung Sachrechnen
© Auer Verlag GmbH, Donauwörth

⑭ Wie viele Äpfel kommen in den Obstsalat?

Die Schülerinnen und Schüler der Klasse 2a wollen Obstsalat machen.	Sie haben sich auf 3 Obstsorten geeinigt: Äpfel, Orangen und Bananen.	Außerdem kommen noch der Saft 1 Zitrone, 2 Teelöffel Zucker, 2 Esslöffel Rosinen und 1 Esslöffel Mandeln in den Salat.
Sinan bringt 3 Bananen mit, Finja doppelt so viele Äpfel.	Max hat den Zucker dabei und 1 Apfel.	2 Orangen und halb so viele Äpfel legt Rabea auf den Tisch.
Leon bringt einen ganzen Korb mit Äpfeln aus dem eigenen Garten mit. Darin sind von 3 Sorten jeweils 4 Äpfel.	Die Lehrerin, Frau Reuter-Bischof, hat noch 5 Bananen, 6 Orangen, die Zitrone, die Rosinen und Mandeln gekauft.	Sarah hat 3 besonders schöne rote Äpfel mitgebracht.

⑮ Wie viele Kinder haben am Ende der zweiten Klasse das Seepferdchen?

Alle Schülerinnen und Schüler beginnen in der 2. Klasse mit dem Schwimmunterricht.	Es kommen zwei Busse, um alle Kinder mitzunehmen. In der 2a sind 23 Kinder, in der 2b zwei Kinder mehr und in der 2c ein Kind weniger als in der 2a.	20 Kinder hatten schon das Seepferdchen, als der Schwimmunterricht begann.
4 Kinder können bereits nach der dritten Stunde die Prüfung ablegen.	6 Kinder machen kurz nach den Herbstferien das Bronzeabzeichen.	12 Kinder üben im Nichtschwimmbecken. Alle anderen schwimmen bereits im großen Schwimmbecken.
Vor den Weihnachtsferien schaffen es 18 Kinder, jeweils eine Bahn für das Seepferdchen-Abzeichen zu schwimmen.	Allerdings trauen sich 2 Kinder nicht, ins Wasser zu springen.	Kurz vor den Sommerferien können noch 12 Kinder die Prüfung ablegen.

Manon Sander: Aufgabensammlung Sachrechnen
© Auer Verlag GmbH, Donauwörth

⑯ Plus (+) Minus (–) Mal (·) Geteilt (:)

Lies dir die Aufgabe durch. Überlege dir zuerst, welche Rechnung du durchführen willst. Berechne dann die Aufgabe und schreibe einen Antwortsatz!

a) In Alexanders Klasse sind 28 Kinder. Immer vier Kinder sollen zusammenarbeiten. Wie viele Gruppen werden gebildet?

Rechenzeichen: ______

Rechnung: ____________________________

Antwort: ____________________________

b) Sandro hat 78 Karten gesammelt. Bei einem Spiel verliert er 9. Wie viele Karten hat er jetzt noch?

Rechenzeichen: ______

Rechnung: ____________________________

Antwort: ____________________________

c) Gaby sammelt Sticker. Sie hat schon 34 verschiedene. Ihre Oma bringt ihr 7 neue mit. Wie viele hat sie jetzt?

Rechenzeichen: ______

Rechnung: ____________________________

Antwort: ____________________________

d) Leon und seine 3 Freunde essen jeder 6 Schokoküsse. Wie viele sind es zusammen?

Rechenzeichen: ______

Rechnung: ____________________________

Antwort: ____________________________

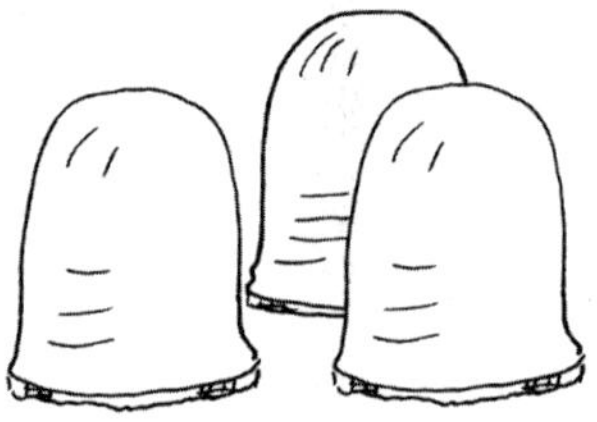

e) Simon möchte gern bei seiner Geburtstagsfeier ein Spiel spielen, bei dem jedes Kind 5 Luftballons braucht. Er erwartet 6 Gäste. Wie viele Ballons braucht Simon?

Rechenzeichen: ______

Rechnung: ____________________________

Antwort: ____________________________

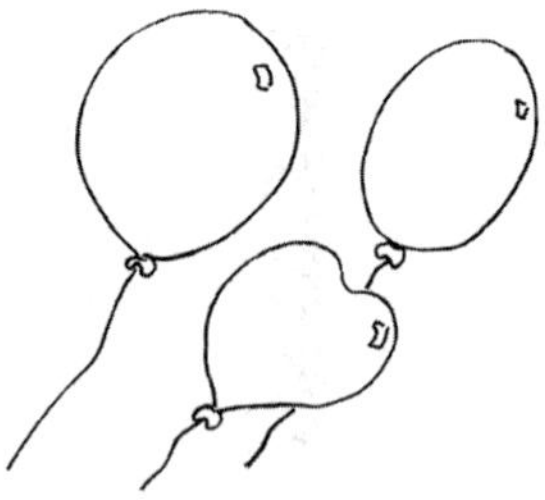

Manon Sander: Aufgabensammlung Sachrechnen
© Auer Verlag GmbH, Donauwörth

(17) Fruchtmarmelade

Du brauchst:
Gelierzucker, Früchte, Zitronensaft, einen Topf, eine Schüssel, eine große Schüssel mit Wasser, Messer, eine Kochgelegenheit, einen Löffel zum Umrühren, Gläser zum Einfüllen der Marmelade

Es gibt verschiedene Gelierzucker. Darauf steht 1:1 oder 1:2 oder 1:3.
1:1 bedeutet, dass der Zucker in der Marmelade genauso viel wiegt wie die Früchte.
1:2 bedeutet, dass die Früchte zweimal so viel wiegen wie der Zucker.
1:3 bedeutet, dass die Früchte dreimal so viel wiegen wie der Zucker.

Je mehr Zucker in der Marmelade ist, desto länger ist sie haltbar – aber sie ist dann auch viel süßer! Das ist natürlich nicht so gut für deine Zähne.
Nun müsst ihr die Früchte waschen, eventuell von Stielen oder Kernen befreien und klein schneiden.
Als nächstes müsst ihr die Früchte und den Zucker in der richtigen Menge abmessen.

Füllt die große Schüssel mit Wasser und setzt die kleine Schüssel hinein. Gebt in die kleine Schüssel den Zucker. Markiert euch, wie weit sie eintaucht.

Jetzt sind die Früchte an der Reihe.
Beim Verhältnis 1:1 braucht ihr genauso viele Früchte wie Zucker, die Schüssel muss also einmal genauso gefüllt werden.
Beim Verhältnis 2:1 braucht ihr zweimal so viele Früchte wie Zucker, die Schüssel muss also zweimal mit Früchten gefüllt werden.
Beim Verhältnis 3:1 braucht ihr dreimal so viele Früchte wie Zucker, die Schüssel muss also dreimal mit Früchten gefüllt werden.

Vermischt das Ganze und gebt einen Spritzer Zitronensaft dazu!

Bringt das Ganze dann unter Rühren zum Kochen!
Vorsicht – es wird heiß!

Schaut auf der Zuckerpackung nach, wie lange die Marmelade richtig kochen muss, füllt sie dann sofort in Gläser und verschließt diese!

Guten Appetit!

Manon Sander: Aufgabensammlung Sachrechnen
© Auer Verlag GmbH, Donauwörth

(18) Murmelwettbewerb

Baut immer mit drei bis vier Kindern eine Murmelstrecke. Ihr braucht dazu zwei Springseile, einen Schuhkarton ohne Deckel, eine Schere, ein paar Stifte und Murmeln.

1. Stellt den Schuhkarton so auf, dass er mit der Öffnung nach unten zeigt. Schneidet in eine der breiteren Seiten drei Öffnungen.
2. Schreibt mit einem dicken Stift Zahlen zwischen 1 und 20 über die Öffnungen.
3. Legt nun mit den Seilen einen Gang hin zu dem Karton, damit die Murmeln euch nicht wegkugeln können.

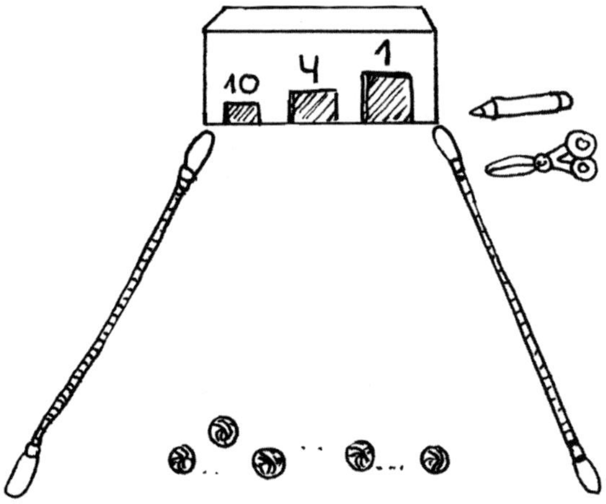

Jeder darf nun 5-mal murmeln. Jeder bekommt die Punktzahl gutgeschrieben, die über dem Tor steht, in das die Murmel rollt. Für eine Murmel, die in keine der Öffnungen kullert, gibt es natürlich null Punkte! Bereitet eine Liste vor mit den Namen der Mitspieler und tragt in diese die Ergebnisse ein. Zählt alles zusammen, wenn jeder 5-mal an der Reihe war.
Wer hat gewonnen, wer liegt auf dem zweiten, dritten und vierten Platz?

Clara	Moritz	Felix	Leonie
0	4	0	1
10	0	4	1

Ihr könnt auch ein Turnier veranstalten, bei dem alle Gewinner anschließend noch gegeneinander antreten müssen. Aber Achtung! Ihr könnt nur die Ergebnisse miteinander vergleichen, die auf derselben Bahn erreicht wurden.
Warum eigentlich?

Manon Sander: Aufgabensammlung Sachrechnen
© Auer Verlag GmbH, Donauwörth

⑲ Wir backen einen Kuchen

Der Kuchen, der gebacken werden soll, nennt sich Eischwerkuchen.
Alle Zutaten – bis auf die Rosinen – sind so schwer wie ein Ei.

Von den Rosinen benötigt man pro Ei einen Esslöffel.

Für eine kleine Backform nimmt man 2 Eier, für eine große kann man 4 bis 6 Eier nehmen.

Das wiegt ein Ei: ____________________ . Wir nehmen ________ Eier.

Das brauchen wir noch:

____________ Zucker

____________ Margarine oder weiche Butter

____________ Mehl

____________ Milch

zusätzlich etwas Fett für die Form und ein bisschen Mehl!

Zubereitung:
Zucker und Eier mit dem Mixer verrühren, bis sich eine cremige Masse ergibt. Fett (Margarine oder Butter) hinzugeben und ebenfalls einrühren. Mehl und Milch hinzufügen und wieder alles gut durchmixen.

Die Backform gut ausfetten und etwas Mehl hineingeben, damit sich der Kuchen nach dem Backen gut lösen lässt. Rosinen zum Schluss hinzufügen!

Bitte nicht vom rohen Teig naschen! Davon kann man Bauchschmerzen bekommen!

Teig in die Backform geben und im vorgeheizten Backofen (Umluft 160°) bei einem kleinen Kuchen 40–50 Minuten und bei einem großen Kuchen 50–60 Minuten backen.

Kleiner Tipp: Wenn jemand keine Rosinen mag, dann kann man die natürlich auch weglassen und durch Schokosplitter oder durch Mandeln in der gleichen Menge austauschen.

Guten Appetit!

Manon Sander: Aufgabensammlung Sachrechnen
© Auer Verlag GmbH, Donauwörth

(20) Treppe hoch und wieder runter

Geh einmal in Gedanken durch das Schulgebäude. Da gibt es ganz schön viele Treppen, oder? Vielleicht sind im Eingangsbereich welche, vielleicht müsst ihr auch die eine oder andere Treppe nach oben oder nach unten gehen, um in euer Klassenzimmer zu kommen.

Eure erste Aufgabe ist es nun, (LEISE) durch das Schulgebäude zu gehen und dort die Treppenstufen zu zählen. Schreibt bitte auch auf, um welche Treppe es sich jeweils handelt.

Treppe Eingang vorne	5 Stufen
Treppe 1. Etage	24 Stufen

Vergleicht in der Klasse, ob das, was ihr gezählt habt, auch stimmt, und zählt eventuell noch einmal nach!

Jetzt müsst ihr euren Stundenplan mit hinzunehmen und schauen, wann ihr zu welchem Raum gehen müsst (Sporthalle, Musikraum, Kunstraum ...). Schreibt das auf und berechnet einmal, wie viele Stufen das in einer Woche sind.

Ihr braucht nur die zu berechnen, die ihr hochgehen müsst!

Wie viele Stufen sind das wohl in einem Monat (d. h. bei ungefähr 4 Wochen Unterricht)?

Manon Sander: Aufgabensammlung Sachrechnen
© Auer Verlag GmbH, Donauwörth

㉑ Rechnen mit Geld

Erst einmal brauchst du ein wenig Geld. Das kannst du dir leicht selbst machen. Nimm ein weißes Blatt und lege ein paar Münzen darunter, die du von deinem Lehrer oder deiner Lehrerin bekommst. Wenn du nun mit einem Bleistift über die Münzen malst, erhältst du einen Abdruck. Stelle so mehrere Münzen her.

Bildet nun Gruppen aus 5–6 Kindern und richtet euch einen kleinen Verkaufsladen ein. Ihr könnt Gegenstände aus der Klasse nehmen oder auf dem Schulhof besondere Steine sammeln und diese nutzen.

Beschriftet die Sachen mit Preisen.

Kauft erst mal in eurer eigenen Gruppe und unternehmt dann noch Ausflüge zu anderen Läden.

Manon Sander: Aufgabensammlung Sachrechnen
© Auer Verlag GmbH, Donauwörth

(22) Kastanienmännchen

Im Herbst kannst du tolle Männchen aus Kastanien basteln. Überlege dir zuerst, was du herstellen möchtest, und suche dir dann die entsprechenden Materialien heraus! Vergiss den Bohrer für die Kastanien nicht!

1 dicke Kastanie
1 mittlere Kastanie
4 kleine Kastanien
4 ganze Streichhölzer
1 halbes Streichholz

1 dicke Kastanie
1 mittlere Kastanien
4 kleine Kastanien
4 ganze Streichhölzer
2 halbe Streichhölzer

1 dicke Kastanie
1 mittlere Kastanie
4 ganze Streichhölzer
4 halbe Streichhölzer

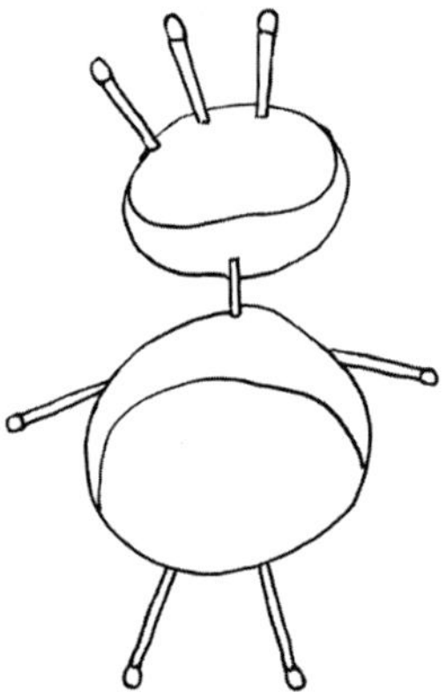

Setze die Zeichen „<“ und „>“ ein.

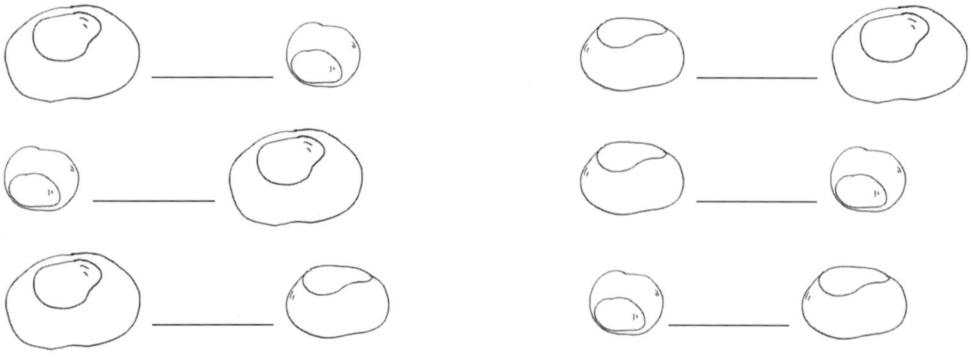

Manon Sander: Aufgabensammlung Sachrechnen
© Auer Verlag GmbH, Donauwörth

㉓ Wie lautet meine Zahl?

Jeder von euch schreibt nun eine Zahl zwischen 1 und 100 auf ein Blatt. Dann geht ihr in der Klasse herum und klebt einem anderen Kind die Zahl mit einem Streifen Klebeband auf den Rücken.

Das Kind sollte aber nicht wissen, welche Zahl es auf dem Rücken hat.

Nun muss jeder raten, welche Zahl er oder sie auf dem Rücken hat.

Dazu tragt ihr in die Liste unten eine Zahl ein, von der ihr meint, dass es die richtige ist. Fragt dann ein anderes Kind, ob die gesuchte Zahl größer oder kleiner ist.

Wer von euch findet seine Zahl am schnellsten?
Gibt es einen Trick, wie man schneller seine Zahl herausbekommen kann?

Geratene Zahl	Die gesuchte Zahl ist größer.	Die gesuchte Zahl ist kleiner.	Zahl erraten!!!!!

Manon Sander: Aufgabensammlung Sachrechnen
© Auer Verlag GmbH, Donauwörth

24 Viele gleiche Sachen in deiner Schule

Gehe durch deine Schule und such dir Malaufgaben.

Zum Beispiel:

4 Klassenzimmer mit jeweils 5 Fenstern
$4 \cdot 5 = 20$
Die vier Klassenräume unten haben zusammen 20 Fenster.

Oder:

6 Kisten mit jeweils 8 Wassergläsern
$6 \cdot 8 = 48$
In den Kisten sind zusammen 48 Gläser.

Welche Aufgaben findest du in deiner Schule?

Wenn du möchtest, kannst du sie auch aufzeichnen!

Manon Sander: Aufgabensammlung Sachrechnen
© Auer Verlag GmbH, Donauwörth

(25) Kinder in unserer Schule

Hast du dir eigentlich schon mal Gedanken darüber gemacht, wie viele Kinder in die Schule gehen? Wenn du dich auf dem Schulhof in der Pause umschaust, dann wirst du feststellen, dass das ganz schön viele sind. Mehr als auf deinem letzten Geburtstag waren und auch mehr als in deinem Kindergarten waren.

Trage in die Tabelle ein, wie viele Kinder in die einzelnen Klassen gehen. Rechne aus, wie viele es in der jeweiligen Jahrgangstufe sind.

	a	b	c	d	zusammen
1					
2					
3					
4					

Kannst du auch ausrechnen, wie viele Schülerinnen und Schüler an der ganzen Schule sind?

Manon Sander: Aufgabensammlung Sachrechnen
© Auer Verlag GmbH, Donauwörth

㉖ Was kannst du daraus bauen?

Schneide die geometrischen Formen aus und lege damit Bilder.
Wenn du noch die eine oder andere Form benötigst, dann kannst du sie dir vielleicht selbst aufmalen und ausschneiden.

Lege einen Baum oder eine Blume.
Oder kannst du vielleicht ein Haus oder ein Auto bauen?
Wie sieht dein Mensch aus?
Welche tollen Ideen hast du noch? Schau dich in der Klasse um, was die anderen bauen konnten!

Zusatzaufgaben:

- Verwende die ausgeschnitten Formen als Schablone, um diese auf Pappe zu zeichnen. Schneide die Formen aus. Suche dir einen Partner. Ihr könnt nun gegenseitig mit geschlossenen Augen die jeweiligen Formen erfühlen. Oder ihr legt Figuren aus den Pappeformen und versucht, diese zu ertasten.
- Zeichne die Fomen auf dünnes Holz und schneide sie mit einer Laubsäge aus. Schleife die Ränder mit Schmirgelpapier glatt und baue weitere Formen.

Macht auch eine Ausstellung in eurer Klasse!

Manon Sander: Aufgabensammlung Sachrechnen
© Auer Verlag GmbH, Donauwörth

㉗ Haustiere in unserer Klasse

Mache eine Umfrage zum Thema Haustiere in deiner Klasse. Finde dabei heraus, was für Tiere die einzelnen Kinder haben. Es zählen dabei eigene Tiere und Tiere in der Familie.

Fertige dir eine Tabelle an und mache für jedes Tier (oder jede Tierart) einen Strich in die Tabelle.

Tierart	
Hamster	III
Vogel	II

Vielleicht kannst du auch noch zählen, wie viele Kinder gar kein Tier haben.

Schreibe dir nachher auf, wie viele Kinder einen Hund haben oder was für andere Tiere die Kinder haben.

Haben die Kinder, die ein Tier haben nur eines oder gibt es auch Kinder, die mehrere Tiere haben?

Kannst du auch noch ausrechnen, wie viele Beine alle Tiere haben, die den Kindern aus deiner Klasse gehören?

Manon Sander: Aufgabensammlung Sachrechnen
© Auer Verlag GmbH, Donauwörth

28 Sicherheit im Auto

Sicherlich ist euch schon aufgefallen, dass viele Kinder von ihren Eltern im Auto zur Schule gebracht werden oder abgeholt werden. Manche Eltern nehmen auch noch andere Kinder mit, die den gleichen Weg haben. Das ist gut gemeint, aber oft sind die Kinder gar nicht alle richtig gesichert.

Kinder, die jünger sind als 12 Jahre oder die kleiner sind als 1,50 m, müssen auf besonderen Kindersitzen gesichert werden – und das auch auf kurzen Strecken, denn auch hier besteht die Gefahr, dass etwas passieren kann!

Schaut doch einmal eine Woche lang in kleinen Gruppen nach, wie viele Kinder nicht richtig gesichert im Auto sitzen.

Tragt in eine Tabelle folgende Werte ein:

- Wie viele Kinder habt ihr gefragt (überprüft)?
- Wie viele waren richtig gesichert?
- Wie viele waren nicht richtig gesichert?
- Bei wie vielen war es für euch nicht klar?

Vielleicht könnt ihr euch auch überlegen, ein Flugblatt zu erstellen, auf denen ihr die Eltern auf die Gefahren hinweist, wenn Kinder im Auto nicht richtig gesichert sind. Vielleicht kommt ihr ja am Ende der Woche schon zu einem besseren Ergebnis!

Manon Sander: Aufgabensammlung Sachrechnen
© Auer Verlag GmbH, Donauwörth

29 Bücherei

(fächerübergreifend mit Deutsch)

Es gibt eine ganze Menge Bücher. Manche sind gut, manche sind weniger gut und manche möchte man gar nicht zu Ende lesen.

Gebt euch doch einmal gegenseitig Buchtipps.
Das könnt ihr folgendermaßen tun:

1. Gruppenarbeit:

   Überlegt euch ein paar Fragen, die jeder beantworten sollte, der sich das Buch ausgeliehen hat. Die Fragen muss man mit ja/nein beantworten können!

   Eine Frage könnte zum Beispiel sein:

   Hat dir das Buch gefallen? Ja ◯ / Nein ◯

2. Ganze Klasse:

   Tragt die verschiedenen Fragen aus der Gruppenarbeit zusammen und wählt die besten aus. Stellt diese in einer Liste zusammen. Mithilfe dieser Liste kann nun die ganze Klasse Bücher bewerten.

   Überlegt euch, welche Bücher ihr aus der Klassenbücherei bewerten möchtet.

3. Gruppenarbeit:

   Jede Gruppe betreut eine gewisse Anzahl der ausgewählten Bücher und muss (mindestens) einmal in der Woche die Ergebnisse auswerten. Erstellt dafür ein Plakat.

   Schreibt auch immer auf, wie viele Kinder das Buch gelesen haben.

Manon Sander: Aufgabensammlung Sachrechnen
© Auer Verlag GmbH, Donauwörth

(30) Frühstück

Startet eine Umfrage zum Thema Frühstück.
Tragt eure Ergebnisse in die Liste ein.

	Anzahl der Kinder
... frühstücken morgens und trinken etwas	
... essen morgens nur etwas	
... trinken morgens nur etwas	
... essen und trinken gar nicht	
... essen und trinken in der Schule etwas	
... essen in der Schule nur etwas	
... trinken in der Schule nur etwas	
... essen und trinken in der Schule nichts	

Es ist ganz wichtig, dass euer Körper schon morgens etwas zu essen und zu trinken bekommt, denn euer Körper muss in der Schule richtig arbeiten und etwas leisten!

Vielleicht könnt ihr einmal in der Woche oder wenigstens einmal im Monat zusammen frühstücken. Achtet darauf, dass ihr auch oft gesundes Essen zu euch nehmt! Ein Obstsalat ist viel gesünder als ein Weißbrot mit Schokocreme, aber genauso lecker!

Manon Sander: Aufgabensammlung Sachrechnen
© Auer Verlag GmbH, Donauwörth

Klasse 3: Übersicht

 = leicht  = mittel  = schwer

Aufgaben mit differenzierten Aufgabestellungen können mehreren Schwierigkeitsstufen zugeordnet werden.

Aufgaben mit Bezug zur Lebenswirklichkeit

Nr.				
31	Mathe in der Turnhalle (Teil 1)		✗	
32	Mathe in der Turnhalle (Teil 2)			✗
33	Ganz schön heavy!			✗
34	Im Supermarkt		✗	✗
35	Im Zirkus		✗	
36	In der Manege	✗	✗	
37	Rechendetektive		✗	
38	Der verlorene Kassenzettel		✗	
39	Viel zu lesen	✗		
40	Fast geschafft!	✗		
41	Viele Seiten	✗		
42	Lesezeichen verloren		✗	
43	Matheunterricht	✗		
44	Sportunterricht		✗	
45	Kannst du helfen?		✗	
46	Was meinst du dazu?			✗

Handlungsorientierte Aufgaben

Nr.				
47	Entfernungen	✗	✗	✗
48	Schweres Papier	✗	✗	✗
49	Klassenzimmerolympiade	✗	✗	✗
50	Cocktailbar	✗	✗	
51	Wie viele Stunden?		✗	✗
52	Bäume	✗	✗	
53	Würfel und Quader		✗	
54	Kleine Obstspieße	✗	✗	
55	Spieglein, Spieglein …	✗	✗	✗
56	Hochstapeln	✗	✗	✗

Statistische Aufgaben

Nr.				
57	Würfelglück	✗	✗	
58	Schulranzenkontrolle			✗
59	Rote – gelbe – grüne – blaue	✗	✗	
60	Schnittmengen		✗	✗

Manon Sander: Aufgabensammlung Sachrechnen
© Auer Verlag GmbH, Donauwörth

(31) Mathe in der Turnhalle (Teil 1)

Die Kinder der Klasse 3b staunen nicht schlecht, als die Mathelehrerin sie auffordert, ihre Sportschuhe mitzunehmen und in die Turnhalle zu kommen.

Die 16 Jungen und 11 Mädchen ziehen sich schnell um und laufen in die Halle. Die Lehrerin hat einen Kassettenrekorder dabei und macht Musik an. Alle laufen wild durcheinander. Als die Musik zu Ende ist, nennt die Lehrerin eine Zahl. In der Höhe dieser Zahl müssen die Kinder dann Gruppen bilden.

Trage in die Tabelle ein, wie viele Gruppen gebildet werden können und wie viele Kinder übrig bleiben!

	Anzahl der Gruppen	übrige Kinder
2er-Gruppen		
3er-Gruppen		
4er-Gruppen		
5er-Gruppen		
6er-Gruppen		
7er-Gruppen		
8er-Gruppen		
9er-Gruppen		
10er-Gruppen		

(32) Mathe in der Turnhalle (Teil 2)

Nach jeder Runde müssen die Kinder ausscheiden, die keine Gruppe gefunden haben. Wie lange dauert es, bis keine Gruppe mehr gebildet werden kann?

	Anzahl der Kinder	Anzahl der Gruppen	übrige Kinder
2er-Gruppen	27		
3er-Gruppen			
4er-Gruppen			
5er-Gruppen			
6er-Gruppen			
7er-Gruppen			
8er-Gruppen			
9er-Gruppen			
10er-Gruppen			

Vielleicht könnt ihr das auch in eurer Klasse einmal spielen!

Wenn die Gruppen sich nicht nach der Reihe bilden müssen, sondern erst die 8er-Gruppe kommen darf und dann die 3er-Gruppe oder ganz andere Gruppen, wie kannst du dann am schnellsten erreichen, dass niemand mehr mitspielen kann?

Manon Sander: Aufgabensammlung Sachrechnen
© Auer Verlag GmbH, Donauwörth

(33) Ganz schön heavy!

Heavy kommt aus dem Englischen und heißt schwer. Damit ist jetzt nicht diese Aufgabe hier gemeint – denn die ist gar nicht so schwer –, sondern die Tiere in dieser Aufgabe. Versuche herauszufinden, was die so wiegen!

Delfin	Pinguin	Affe	Löwe	Elefant	Strauß	Pandabär	Nilpferd	Giraffe	Eisbär	Kamel	Uhu	Känguru
												70 kg

10 Kängurus wiegen so viel wie eine Giraffe.
Ein Eisbär wiegt so viel wie ein Kamel und 3 Affen.
Das Nilpferd wiegt doppelt so viel wie eine Giraffe.
8 Uhus bringen das auf die Waage, was ein einzelner Pinguin schafft.
Um das Gewicht des Strauß zu bekommen, braucht man 2 Uhus und 2 Kängurus.
Der Pinguin und der Affe wiegen zusammen genauso viel wie das Känguru.
Der Delfin wiegt 10 kg mehr als das Känguru.
Ein Elefant wiegt genauso viel wie 100 Kängurus.
4 Pinguine wiegen so viel wie ein Delfin.
Ein Löwe wiegt fünfmal so viel wie ein Affe.
Zwei Kamele wiegen so viel wie vier Löwen.
Ein Pandabär wiegt das Doppelte eines Delfins.

(34) Im Supermarkt

Wie teuer wird der Einkauf?

Ronja und Ronas sind mit ihrem Vater beim Einkaufen.	Sie kaufen 8 rote und 4 gelbe Äpfel.	Die Äpfel kosten zusammen 3 Euro.
Die Kinder möchten gern ganz besondere Kekse kaufen – eine Packung kostet 2 €. Sie kaufen 3 Packungen.	Sie kaufen auch noch drei Bücher für je 10 €.	Sie nehmen eine Packung Eier für 2 € mit.
Der Vater kauft noch 4 l Milch für 50 Cent pro Packung.	Obwohl es beim Kauf von 4 Packungen Waschmittel einen Rabatt von 8 € gibt, nehmen sie nur 2 Packungen für je 9 € mit.	Der Vater zahlt mit einem 100-€-Schein.

Manon Sander: Aufgabensammlung Sachrechnen
© Auer Verlag GmbH, Donauwörth

35 Im Zirkus

a)

Partneraufgabe A
In der Stadt gastiert für 5 Tage ein kleiner Wanderzirkus. Am ersten Tag gibt es keine Vorstellung, weil erst das Zelt aufgebaut werden muss. Die Tribüne wird aufgebaut. Sie besteht aus 15 Bänken. In jeder Loge können 8 Personen sitzen.

Wie viele Menschen können in den Logen sitzen?

Wie viele Zuschauer können insgesamt im Zirkus Platz finden?

✂- -

Partneraufgabe B
In dem Wanderzirkus treten zwei Familien auf. Das jüngste Kind in der Manege ist 7 Jahre alt und spielt den Clown Banane. Besonders gut kann man das bunte Treiben im Zirkus aus den 9 Logen betrachten. Auf jeder Bank der Tribüne finden 10 Personen Platz.

Wie viele Menschen können insgesamt auf der Tribüne sitzen?

Wie viele Zuschauer können insgesamt im Zirkus Platz finden?

✂- -

b) An der Zirkuskasse

Im Zirkus gibt es verschiedene Eintrittskarten zu kaufen. Am teuersten sind die Plätze in der Loge. Dort kosten die Karten für Kinder 9 € und für Erwachsene 11 €. Auf den unteren Rängen der Bänke zahlen Kinder 7 € und Erwachsene 9 €. Am preiswertesten sind die hinteren Bänke. Dort müssen Kinder 5 € zahlen und Erwachsene 7 €.

Peik möchte zusammen mit 5 Freunden, seinen Eltern und 3 Geschwistern seinen Geburtstag im Zirkus feiern. Die Mutter handelt aus, dass das Geburtstagskind freien Eintritt bekommt. Was würden die Karten in den verschiedenen Preisklassen kosten?

Wie teuer wäre der Eintritt für dich und deine Familie in der Loge?
Was könntet ihr sparen, wenn ihr euch auf die hinteren Bänke setzt?

Manon Sander: Aufgabensammlung Sachrechnen
© Auer Verlag GmbH, Donauwörth

36 In der Manege

Zu jeder Aufgabe gehören zwei Sätze und eine Frage. Findest du die richtigen zusammen? Schneide sie aus, klebe sie auf, berechne sie und schreibe zu jeder Aufgabe einen Antwortsatz!

Der Jongleur jongliert zuerst mit 4 Bällen.	Einer davon hat 9 Welpen, die im Körbchen schlafen.	Wie lange dauert der Auftritt?
In der ersten Nummer treten 4 Pferde auf.	Er holt 4 Kinder, 7 Frauen und 3 Männer in die Manege.	Wie viel Geld muss der Vater für die Tierschau zahlen?
Der Clown braucht Menschen aus dem Publikum, die ein Seil festhalten.	Paul ist mit seinen Eltern und seinem Bruder im Zirkus. Seine Mutter bleibt in der Pause im Zelt.	Mit wie vielen Bällen jongliert er nun?
Die beiden Seelöwen treten um 15.55 Uhr auf.	Zwischen den Auftritten trägt sie einen schwarzen Anzug.	Wie viele Hände (zusammen mit denen des Clowns) halten nun das Seil fest?
Natascha hat 5 Auftritte, in denen sie jedes Mal ein anderes Kostüm trägt.	Er bekommt noch 5 weitere Bälle dazu.	Wie oft muss Natascha sich für die Vorstellung umziehen?
In der Pause kann man die Tierschau besuchen. Kinder zahlen 1 €, Erwachsene 2 €.	In jeder der 8 Reihen stehen 9 Stühle.	Wie viele Beine haben die Pferde zusammen?
Im Zirkus gibt es viele Hunde auf. 3 treten in der Vorstellung auf. 2 weitere laufen so herum.	Es gibt noch eine Nummer mit 2 Ponys und eine mit nur 1 Pony.	Wie viele Hunde gibt es im Zirkus?
Heute war die letzte Vorstellung und die Stühle müssen zusammengestellt werden.	Ihr Auftritt endet um 16.05 Uhr.	Wie viele Stühle gibt es im Zirkus?

Manon Sander: Aufgabensammlung Sachrechnen
© Auer Verlag GmbH, Donauwörth

(37) Rechendetektive

Welches ist die gesuchte Zahl? Drei Hinweise sollen dir helfen, sie zu finden!

1. Die Zahl gehört zur 5er-Reihe.
2. Die Zahl ist größer als 28 und kleiner als 38.
3. Die Zahl ist nicht durch 10 teilbar.

Die gesuchte Zahl heißt: _________.

1. Die Zahl ist größer als 80 und kleiner als 91.
2. Die Zahl gehört zur 9er-Reihe.
3. Die Zahl ist nicht durch 2 teilbar.

Die gesuchte Zahl heißt: _________.

1. Die Zahl besteht aus zwei Ziffern.
2. Die Ziffer der Einerstelle ist um 1 größer als die Ziffer der Zehnerstelle.
3. Die Zahl gehört zur 8er-Reihe.

Die gesuchte Zahl heißt: _________.

(38) Der verlorene Kassenzettel

Lennart hat im Schreibwarengeschäft 3 Päckchen Patronen für jeweils 1 €, zwei Schreibhefte für je 30 Cent und einen Tintenkiller für 1,40 € gekauft. Außerdem hatte er noch einen Sticker für 20 Cent mitgenommen.

Als er zu Haus ankam, stellte er fest, dass er den Kassenzettel wohl im Laden liegen gelassen hatte. Der Verkäufer hat drei Zettel. Welches ist der richtige?
Hier sind die Endbeträge:

1. 9,50 €
2. 4,80 €
3. 5,20 €

Kannst du Lennart helfen?

Manon Sander: Aufgabensammlung Sachrechnen
© Auer Verlag GmbH, Donauwörth

(39) Viel zu lesen

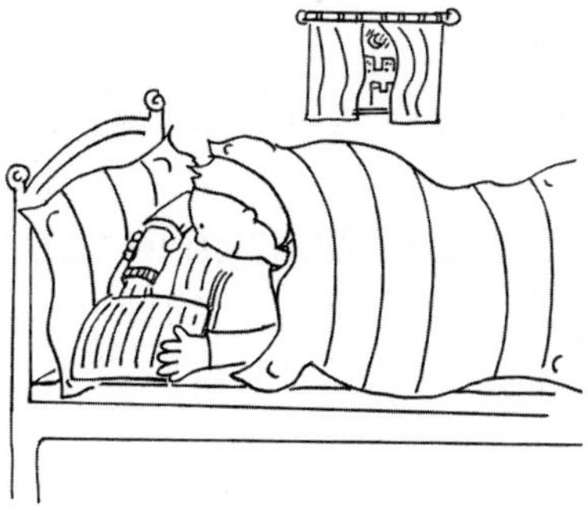

Falko hat sich gestern ein schweres Buch aus der Bücherei ausgeliehen. Es ist nicht so schwierig zu lesen, aber ganz schön schwer zu tragen, denn es hat 673 Seiten. Falko hat gestern Abend bereits eine Menge darin gelesen, er ist schon auf Seite 156.

Wie viele Seiten kann er noch lesen?

(40) Fast geschafft!

Dana hat sich ein Buch mit 438 Seiten ausgesucht. Sie hat jetzt schon eine Woche an dem Buch gelesen und hat nur noch 29 Seiten vor sich.

Wie viel Seiten hat sie schon gelesen?

(41) Viele Seiten

Max hat schon 72 Seiten gelesen. Er muss nur noch 5 Seiten lesen, bis er mit dem Buch durch ist.

Meinst du, dass Max sich ein dickes Buch ausgeliehen hat? Wie viele Seiten hat es insgesamt?

(42) Lesezeichen verloren

Sarah hat gestern Abend noch ganz lange gelesen. Dabei hat sie wohl das Lesezeichen verschlagen. Sie weiß jetzt nicht mehr, auf welcher Seite sie jetzt ist.

Sie kann sich noch daran erinnern, dass sie noch 84 Seiten zu lesen hat. Das Buch hat 372 Seiten. Kannst du ihr helfen?

Manon Sander: Aufgabensammlung Sachrechnen
© Auer Verlag GmbH, Donauwörth

43 Matheunterricht

a) Es ist 10 Minuten vor elf und die Schülerinnen und Schüler der Klasse 3c haben Mathe. Irgendwie schleichen die Minuten nur so dahin. Die Stunde endet um 11.15 Uhr. Wie lange dauert es noch bis zum Klingeln?

b) Wann müssen die Schülerinnen und Schüler mit dem Test fertig sein?

44 Sportunterricht

a) In der Sportstunde vergeht die Zeit wie im Flug. Die Stunde ist um 9.20 Uhr vorbei. Sie hat 45 Minuten gedauert. Kannst du ausrechnen, wann die Stunde begonnen hat?

b) Die Schülerinnen und Schüler dürfen sich erst nach dem Klingeln umziehen. Dafür benötigen sie 7 Minuten. Der Sportlehrer schickt die Kinder immer 8 Minuten vor dem Ende der Stunde wieder zum Umziehen.

Wie viel Zeit bleibt für die Sportstunde?

Manon Sander: Aufgabensammlung Sachrechnen
© Auer Verlag GmbH, Donauwörth

45 Kannst du helfen?

In der Schule hat es einen Diebstahl gegeben. „Am letzten Montag waren noch alle da und als am Dienstagmorgen die Kinder welche holen wollten, waren sie weg“, erzählte Murat ganz aufgeregt seiner Mutter. Die Mutter schaute ihn fragend an. „Wer war weg?“, wollte die Mutter wissen. „Na alle“, sagte Murat. „Und wir Schüler hatten dann die Probleme und mussten das dann ertragen.“ Die Mutter war immer noch nicht schlauer geworden. „Aber wir haben sie belauscht und nach einiger Zeit wussten wir endlich, wo sie sie versteckt hatten! Morgen können wir sie wieder nutzen!“ –. „Wen habt ihr belauscht?“, wollte die Mutter wissen. „Na die Diebe!“, erklärte Murat. „Die haben erzählt, dass sie erst aus den unteren Klassenräumen alle eingesammelt hätten. Das waren in dem ersten Raum 39, im zweiten Raum sogar 78 und im dritten 65.“ „In der oberen Etage wurden insgesamt 275 gestohlen!“, berichtete Murat weiter. „Und in der Mitte in einem Raum 45, in dem anderen 73, im nächsten 54 und im letzten 67. Ach ja, und alle, die beim Hausmeister waren. Der hatte immerhin 288 bei sich.“

Die Mutter schaute verständnislos. „Ach ja, und versteckt haben sie die im Kunstraum, weil sie angeblich etwas damit basteln wollten!“

Was war passiert?

1. Die Lehrer hatten die Strohhalme in den Kunstraum gelegt, da sie damit für Weihnachten basteln wollten, 984 Strohhalme hatten sie zusammengetragen.
2. Einige Schülerinnen und Schüler hatten alle Kreidestücke für eine Kreideschleuder zusammengetragen, die sie basteln wollten, um die Lehrer zu ärgern. Sie hatten 862 Stücke aus den einzelnen Räumen sammeln können.
3. Es hatten sich ältere Kinder in die Schule eingeschlichen und dort dann alle Stühle in den Kunstraum geschleppt, um daraus ein großes Kunstwerk basteln zu können. 762 Stühle stehen jetzt im Kunstraum.

46 Was meinst du dazu?

Charlotte sitzt an ihren Hausaufgaben und wird nicht fertig. Sie hat 35 Minuten an einem Blatt für Mathe gearbeitet. 27 Minuten brauchte sie für das Ausmalen eines kleinen Bildes. Weitere 26 Minuten hat sie an einem Text gesessen, bei dem sie ein paar Wörter unterstreichen sollte. Dann brauchte sie noch 19 Minuten, um ein paar kleine Bilder auszuschneiden und aufzukleben. Außerdem hat sie insgesamt 23 Minuten Pause gemacht. Dabei hatte sie heute so viel vor. Um 15.00 Uhr wollte sie zum Sport. Um 16.10 Uhr hatte sie geplant mit ihren Freundinnen zum Schwimmen zu gehen. Gegen 17.30 Uhr wollten sie noch ein Eis essen gehen. Charlotte hat um 13.45 Uhr mit den Hausaufgaben angefangen. Was, meinst du, kann sie jetzt noch schaffen?

Manon Sander: Aufgabensammlung Sachrechnen
© Auer Verlag GmbH, Donauwörth

47 Entfernungen

Deutschland ist eines der größeren Länder in Europa. Es gibt ganz viele verschiedene Landschaften, das Wattenmeer an der Nordseeküste, die ruhige Ostsee im Nordosten, die Alpen mit dem höchsten Berg Deutschlands, die Mittelgebirge in den unterschiedlichsten Landschaften.

Hier siehst du einige Städte in der Deutschlandkarte eingezeichnet. Versuche einmal, die Entfernungen zwischen einigen Städten herauszubekommen, die man zurücklegen muss, wenn man mit dem Auto von einer Stadt zur anderen fährt. Das Internet kann dir dabei helfen!

Zeichne ein, wo dein Wohnort liegt und denke dir eine Route aus, auf der von deinem Wohnort aus fünf Städte besuchst und dann wieder zu Haus ankommst. Wie weit wäre die Strecke, die du fahren möchtest? Wenn du am Tag 500 km fährst, wie lange wärst du dann unterwegs?

Sind diese Entfernungen die tatsächlichen Entfernungen zwischen den Städten? Warum weichen sie eventuell von den tatsächlichen Entfernungen ab? Begründe deine Antwort.

Manon Sander: Aufgabensammlung Sachrechnen
© Auer Verlag GmbH, Donauwörth

(48) Schweres Papier

Auch wenn es dir gar nicht so vorkommt, Papier kann ganz schön schwer werden. Das merkst du dann, wenn du mehrere Bücher tragen musst, wie z. B. in deinem Ranzen. Da musst du manchmal ja auch ganz schön etwas schleppen.

Stell dir vor, dass du dir in der Bücherei Bücher für höchstens 1 Kilogramm (1000 g) aussuchen kannst.

Nimm die Bücher aus der Klassenbücherei und wiege sie ab. Schreibe auf, welche Bücher wie schwer sind.

1. Welches ist das schwerste Buch in eurer Klassenbücherei?
2. Welches ist das leichteste Buch in eurer Klassenbücherei?
3. Versuche, möglichst viele Bücher zu finden, die höchstens ein Kilogramm wiegen.
4. Versuche, mit einem oder auch mehreren Büchern möglichst nah an die Grenze von einem Kilogramm zu kommen.

Titel des Buches	Gewicht

Manon Sander: Aufgabensammlung Sachrechnen
© Auer Verlag GmbH, Donauwörth

49 Klassenzimmerolympiade

Alle vier Jahre finden in einem anderen Land die olympischen Spiele statt. Warum sollten sie nicht auch einmal in eurer Klasse stattfinden?

Hier findet ihr ein paar Vorschläge für die sportlichen Herausforderungen. Messt die Zeiten und Weiten und zählt die Treffer. Schreibt die erreichten Ergebnisse auf und bestimmt einen Sieger. Vielleicht könnt ihr auch eine Siegerehrung durchführen.

Viel Spaß dabei!

Kartoffellaufen:
Dazu benötigt ihr zwei Esslöffel, zwei Kartoffeln und eine Stoppuhr. Denkt euch einen Weg aus, vielleicht könnte ein Rundkurs bestimmt werden oder man muss mit der Kartoffel auf dem Löffel über einen Stuhl klettern. Wer die Kartoffel verliert, bekommt jedes Mal 5 Strafsekunden.

Flamingostand:
Wer kann am längsten auf einem Bein stehen? Das wird natürlich mit der Stoppuhr gemessen. Berührt das zweite Bein den Boden, und sei es auch nur kurz, dann ist die Zeit sofort abgelaufen. Das gleiche gilt für den, der umfällt. Man kann auch erst das rechte Bein nehmen und dann das linke und die Zeiten addieren.

Wattepusten:
Nicht nur schwere Sachen kann man schlecht bewegen, bei leichten ist das manchmal auch gar nicht so einfach. Mit einem Strohhalm darf jeder seine Watte wegpusten. Messt danach ab, wie weit gepustet wurde.

Powerschnipsen:
Viele Lehrer finden das Schnipsen gar nicht so toll im Unterricht. Hier darf mal gezeigt werden, wer die meisten Schnipser in einer Minute schafft. Alternativ kann man das auch mit Klatschen oder Stampfen machen.

Vielleicht fallen euch auch noch andere Aktivitäten ein, bei denen man messen und vergleichen kann. Toll sind diese Aktionen auch für ein Schulfest!

Manon Sander: Aufgabensammlung Sachrechnen
© Auer Verlag GmbH, Donauwörth

(50) Cocktailbar

Hier findet ihr ein paar Rezepte für tolle Cocktails. Ihr benötigt dazu ein paar Gläser, in die ihr die Getränke einfüllt, lange Löffel zum Umrühren und einen Messbecher, in dem die Flüssigkeiten abgemessen werden können.

Bunte Strohhalme sehen gut dazu aus!

Roter-Killer-Cocktail
Der Roter-Killer-Cocktail wird in einem hohen Glas serviert. 120 ml Traubensaft werden in das Glas gefüllt. Dazu kommen noch ungefähr 20 ml Saft von einer frisch gepressten Zitrone. Gut umrühren – danach mit Mineralwasser aufgießen.

Traum in rosa
Diesen Traum kann man gut in einem bauchigen Glas servieren. 40 ml Kirschsaft, 40 ml süße Sahne und 120 ml frische Milch werden miteinander vermixt und dann in ein Glas gefüllt. Direkt vor dem Servieren kommen noch ein paar Schokostreusel darüber.

Sunrise (Sonnenaufgang)
In ein möglichst schlankes Glas wird eiskalter Orangensaft geschüttet. 20 ml Himbeersirup werden dann vorsichtig hineingegossen. Der Sirup sinkt zu Boden und es entsteht eine Farbschattierung, die an einen Sonnenaufgang erinnert. Orangenscheiben oder Zitronenscheiben am Rand sehen besonders toll aus!

Blaues Wunder
50 g frische oder tiefgekühlte Blaubeeren werden mit einer halben Banane, einem Esslöffel Honig und 250 ml Milch püriert, bis eine gleichmäßige glatte Masse entsteht. Ein bis zwei Bananenscheiben am Rand oder ein paar bunte Streusel sehen toll dazu aus!

Die Cocktails könnt ihr auch für ein Klassenfest anbieten oder auf einem Schulfest verkaufen – vielleicht findet ihr auch noch mehr Rezepte und könnt ein kleines Buch erstellen.

Manon Sander: Aufgabensammlung Sachrechnen
© Auer Verlag GmbH, Donauwörth

(51) Wie viele Stunden?

Hast du dir eigentlich schon mal Gedanken darüber gemacht, wie viele Stunden du Mathematik in einem Schuljahr hast oder Sport oder ein anderes Fach?

Rechne das doch einmal aus!

Finde es für dieses Schuljahr heraus – folgende Informationen benötigst du:

Stunden pro Woche:
Ferien:
Feiertage (genauer Tag):
Wochen im Jahr:

Du findest einige der Informationen auf deinem Stundenplan, andere in einem Kalender oder im Internet.

Du bist bestimmt erstaunt, wie viel Stunden da so zusammenkommen, oder?

Manon Sander: Aufgabensammlung Sachrechnen
© Auer Verlag GmbH, Donauwörth

52 Bäume

Manche Bäume sind dick, andere sind dünn. Manche kannst du mit deinen Armen umarmen, bei anderen sind deine Arme einfach zu kurz.

Trotzdem können die Bäume gemessen werden. Mit einem Lineal kommst du da nicht viel weiter. Darum müssen Hilfsmittel genutzt werden.

Um besser vergleichen zu können, sollten die Bäume immer in einer Höhe gemessen werden. Es bietet sich an, hier einen langen Stock zu nehmen, der neben den Baum gestellt wird und der dann als eine Art Messlatte genutzt wird.

Als nächstes wird dann auf dieser Höhe ein Band (oder Wollfaden) um den Stamm gelegt.

Wenn du nun das Band mit einem Maßband oder einem Maßstab nachmisst, dann weißt du, was für einen Umfang der Baum hat.

Schön ist es, wenn du für jeden Baum ein eigenes Blatt anlegst, auf dem du den Namen des Baumes vermerkst, ein Blatt darauf klebst, die Früchte dazu malst und vielleicht noch ein paar Infos dazu schreibst und schließlich deine gemessenen Werte hinzufügst.

Manon Sander: Aufgabensammlung Sachrechnen
© Auer Verlag GmbH, Donauwörth

(53) Würfel und Quader

Kennst du den Unterschied zwischen einem Würfel und einem Quader? Hier siehst du einen Würfel und einen Quader. Darunter stehen einige Sätze, kreuze an, auf welche Figur die Aussage zutrifft.

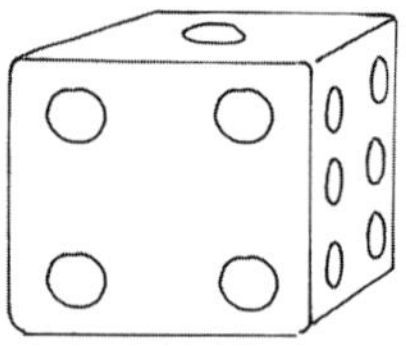

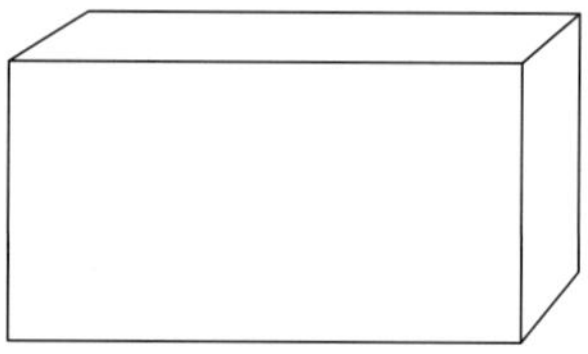

Würfel		Quader
☐	Er hat 8 Ecken.	☐
☐	Alle Kanten sind gleich lang.	☐
☐	Die gegenüberliegenden Flächen sind gleich.	☐
☐	Es gibt immer nur vier gleiche Kanten.	☐

Jetzt kannst du selbst Modelle bauen. Das geht mit Knete.

Du kannst Kantenmodelle basteln. Dazu brauchst du kleine Stäbe, die die Kanten darstellen, und Eckpunkte, in die du die Stäbe hineinstecken kannst. Das kann zum Beispiel Knetgummi sein oder Styropor.

Wenn du einen Würfel aufklappst, entsteht ein Würfelnetz. Hier unten siehst du das Netz eines Würfels. Die acht kleinen Flächen mit den gestrichelten Linien gehören eigentlich nicht dazu, sind aber notwendig, damit der Würfel zusammengeklebt werden kann. Bestreiche sie mit Klebstoff und knicke sie dann um. Kannst du nun den Würfel bauen?

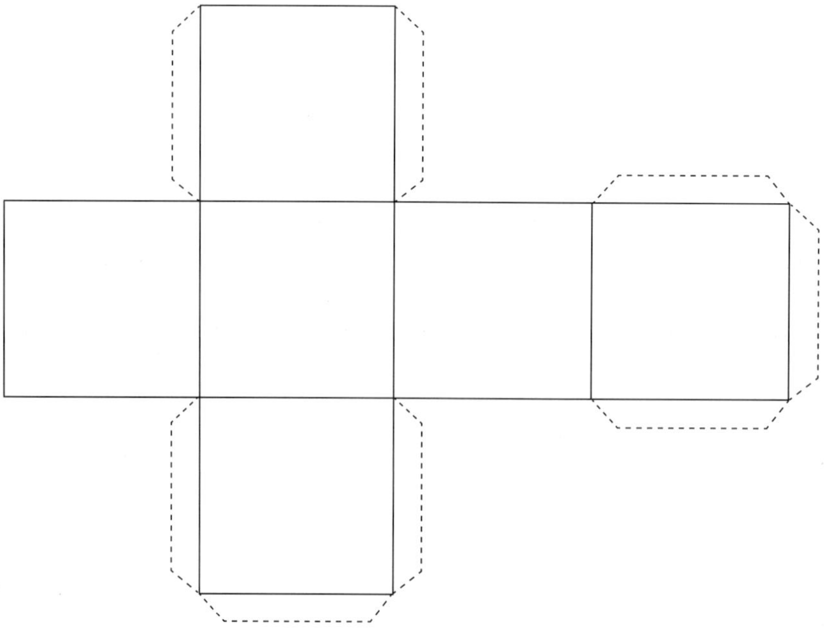

Manon Sander: Aufgabensammlung Sachrechnen
© Auer Verlag GmbH, Donauwörth

54 Kleine Obstspieße

Pro Kind benötigst du:

Saft einer ½ Zitrone
1 Apfel
½ Banane
5 Weintrauben

20g weiße Schokolade

3 kleine Spieße

Presse die Zitrone aus. Schneide den gewaschenen Apfel in kleine Stücke, die Banane in Scheiben und wasche die Weintrauben. Beträufel alles mit dem Zitronensaft und spieße es abwechselnd auf die Spieße auf.

Erhitzt die Schokolade vorsichtig im Wasserbad.

Die Schokolade wird dann über die Spieße getropft.

Berechne, wie viel du für Obstspieße für 4 Kinder benötigst.

_____ Äpfel

_____ Bananen

_____ Weintrauben

_____ Zitronen

_____ g weiße Schokolade

_____ kleine Spieße

Vielleicht könnt ihr in 4er-Gruppen am Nachmittag die Sachen einkaufen. Schreibt euch auf, was ihr bezahlen müsst. Welche Gruppe hat am günstigsten eingekauft?

Manon Sander: Aufgabensammlung Sachrechnen
© Auer Verlag GmbH, Donauwörth

(55) Spieglein, Spieglein ...

Für diese Aufgabe benötigst du ein Foto von deinem Gesicht, z. B. ein Passfoto, Fotos oder Bilder von Tieren und Pflanzen und einen kleinen Spiegel mit einer geraden Kante.

Vielleicht ist dir schon mal aufgefallen, dass es Dinge gibt, bei denen die rechte Seite genauso aussieht wie die linke.

Ist das wirklich so oder täuschen wir uns da vielleicht ein wenig? Nimm zum Beispiel dein Foto. Wenn du die Mitte der Nase nimmst und dich dann spiegelst, dann sieht das doch schon ein wenig komisch aus, oder?

Verschiebe den Spiegel, dann kannst du ein bisschen damit spielen, deine Nase wird breiter oder schmaler.

Probiere das auch mal mit Bäumen oder Tieren aus.

Kannst du dir vorstellen, woran das liegt, dass unser Gesicht oder ein Baum eben nicht symmetrisch, also auf beiden Seiten genau gleich, sind?

Geh einmal nach draußen und such dir dort Dinge aus. Wie ist es zum Beispiel mit einem Auto, einem Haus? Findest du Sachen, die symmetrisch sind, und Dinge, die es eben nicht sind?

Manon Sander: Aufgabensammlung Sachrechnen
© Auer Verlag GmbH, Donauwörth

(56) Hochstapeln

Stapeln kann man eine Menge Dinge, zum Beispiel Legosteine, Kartons von Milchtüten, Bauklötze, Streichholzschachteln oder noch viele andere Materialien:

Miss aus, wie hoch die verschiedenen Materialien sind, die du verbauen kannst.

Lege die Körper so hin, dass sie wie Legosteine liegen. Die Milchkartons müssen also auf der Seite liegen. Auch bei den Streichholzschachteln musst du die kleinstmögliche Seite messen, da sonst die Türme, die nachher gebaut werden, zu instabil werden.

	Einfache Höhe	10 übereinander	20 übereinander
kleiner Legostein	cm	cm	cm
großer Legostein (Duplo)	cm	cm	cm
Milchkarton	cm	cm	cm
Streichholz-schachtel	cm	cm	cm
	cm	cm	cm
	cm	cm	cm

Nun berechne, wie hoch Türme werden können, wenn 10 „Bausteine“ übereinander gebaut werden. Wie sieht es mit 20 aus?

Baue die Türme nach und kontrolliere, ob du richtig gerechnet hast!

Manon Sander: Aufgabensammlung Sachrechnen
© Auer Verlag GmbH, Donauwörth

(57) Würfelglück

Kennt ihr das auch? Bei einem Spiel wartet man auf eine 1 und es kommen nur die Zahlen 5 und 6. Kann das am Würfel liegen? Gibt es Würfel, die nur hohe Zahlen würfeln, oder andere, bei denen eine 1 nach der anderen kommt?

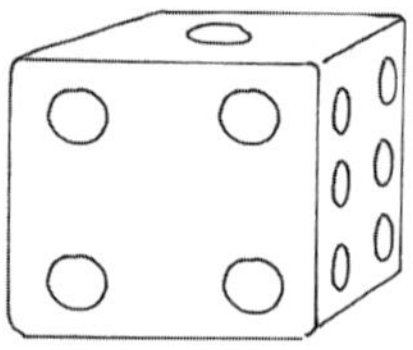

Jeder von euch sollte einen Würfel haben und damit 30-mal würfeln. Schreibt die Ergebnisse auf, also macht immer hinter der gewürfelten Zahl einen Strich.

1		
2		
3		
4		
5		
6		

Am Anfang sind die Ergebnisse recht ungleich verteilt, doch umso häufiger gewürfelt wird, desto gleichmäßiger wird die Verteilung.

Setzt euch nun in Gruppen (4–5 Schülerinnen und Schüler) zusammen. Und addiert eure Ergebnisse. Die Anzahl der gewürfelten Einsen wird zusammengezählt, ebenso die der Zweien und so weiter. Wenn ihr nun die Verteilung der gewürfelten Zahlen anschaut, dann wird die Verteilung noch gleichmäßiger.

Tragt nun die Gruppenergebnisse an der Tafel zusammen. Die Verteilung sollte sehr gleichmäßig sein.

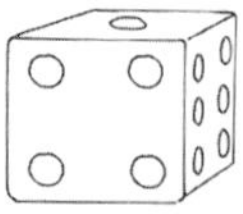

Weißt du eigentlich, dass jeder Würfel gleich aufgebaut ist? An der Zahl, die oben liegt, kann man erkennen, welche Zahl unten verdeckt liegt. Rechnet man beide Zahlen zusammen, dann gibt das immer sieben. Der „1“ liegt die „6“ gegenüber, der „3“ die „4“ und der „5“ die 2. Probiere es aus!

Manon Sander: Aufgabensammlung Sachrechnen
© Auer Verlag GmbH, Donauwörth

(58) Schulranzenkontrolle

Viele Kinder tragen viel zu schwere Schulranzen oder Rucksäcke mit sich herum. Zum einen ist das natürlich ganz schön unangenehm und zum anderen kann es zu echten Rückenproblemen führen.

Es gibt eine Faustregel, die besagt, dass ein Ranzen nicht schwerer sein sollte als 10 % vom Körpergewicht desjenigen, der den Ranzen trägt. Obwohl ihr noch keine Prozentrechnung gelernt habt, könnt ihr die 10 % ganz leicht ausrechnen. Man muss nämlich das Körpergewicht einfach durch 10 teilen. Jemand, der 32 kg wiegt, sollte also höchsten 3,2 kg auf dem Rücken tragen.

Tragt die Daten in eine Tabelle ein. Schaut einmal, wie viele von euch einen zu schweren Ranzen tragen. Achtung: Zieht beim Wiegen die Schuhe aus und zieht dann noch ungefähr ein Kilogramm vom Körpergewicht ab, für die Kleidung.

Name	Körpergewicht	Höchstgewicht des Ranzens (10 %)	Tatsächliches Gewicht des Ranzens	Höhe des Übergewichts

Ihr werdet merken, dass euer Schulranzen wahrscheinlich viel zu schwer ist. Überlegt, wie ihr das ändern könnt. Was tragt ihr zu viel mit euch herum? Was braucht ihr eigentlich gar nicht so oft?
Besprecht das auch mit euren Lehrerinnen und Lehrern!

Hier ein paar Tipps:
- Achtet darauf, dass eure Mappen nicht zu voll sind.
- Schwere Bücher müssen nicht immer mitgenommen werden.
- Buntstifte usw. könnt ihr in der Schule lassen.
- Spielzeug, Sammelkarten usw. bleiben zu Hause.

Fällt euch noch mehr ein?

Manon Sander: Aufgabensammlung Sachrechnen
© Auer Verlag GmbH, Donauwörth

(59) Rote – gelbe – grüne – blaue

Schau einmal deine Füße an und gucke nach, welche Farbe deine Socken haben. Sind sie gelb oder rot? Sind sie gemustert oder einfarbig? Oder ist so warmes Wetter, dass du gar keine Socken trägst?

Schau dich einmal um, wie verschieden eure Socken aussehen.

Macht für jedes Kind einen Strich in die untenstehende Tabelle. Vielleicht müsst ihr sie auch noch um andere Farben ergänzen.

	Einfarbig	Zweifarbig	Mit Ringeln	Mit Karos	
Weiß					
Rot					
Blau					
Rosa					
Grün					
Gar keine Socken					

Strumpfhosen und Strümpfe zählen bei dieser Aufgabe wie Socken!

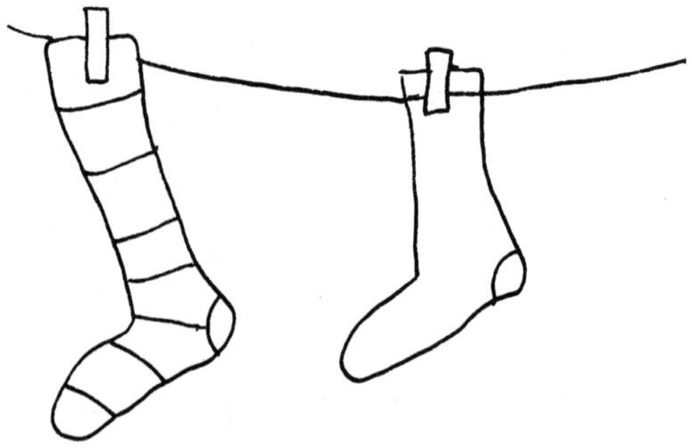

Manon Sander: Aufgabensammlung Sachrechnen
© Auer Verlag GmbH, Donauwörth

60 Schnittmengen

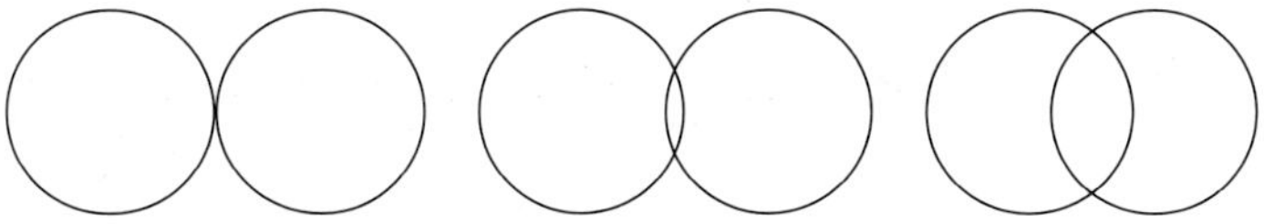

Jasmin hat einen grünen Schulranzen. Barbara einen roten. Wenn man nun die Kinder der Klasse 3b sortieren wollte, dann müsste Jasmin zu den Kindern, die einen grünen Ranzen tragen, und Barbara zu denen, die einen roten Ranzen tragen.

Das ist so erst einmal recht einfach. Was macht man aber mit Paul, der einen Ranzen mit den Farben Rot und Grün hat? Er kann ja nicht die ganze Zeit zwischen den beiden Gruppen hin und her rennen. Darum werden die beiden Kreise so gezeichnet, dass sie sich schneiden und eine Schnittmenge bilden, in diese Schnittmenge kommen alle die, für die beides gilt.

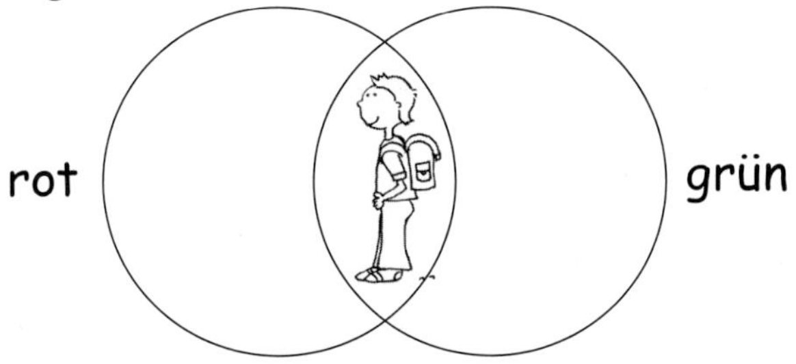

Probert das doch mal in eurer Klasse aus! Zeichne für jedes Kind ein paar Strichmännchen in den jeweiligen Kreis oder in die Schnittmenge. Kinder, für die gar nichts zutrifft, werden außerhalb des Kreises gezeichnet. Hier sind noch ein paar andere Ideen! Ihr könnt natürlich auch auf den Schulhof gehen, dort große Kreise mit Kreide zeichnen und euch selbst hineinstellen!

- Lieblingssport: Reiten oder Fußball
- Lieblingsessen: Pizza oder Nudeln
- Lieblingsfach: Mathe oder Deutsch
- Lieblingstier: Hund oder Katze

Oder

- Im einen Kreis stehen alle, die eine blaue Hose tragen, im anderen alle, die etwas Rotes an der Kleidung haben.
- Im einen Kreis sind alle, die vor sieben Uhr aufgestanden sind, und im anderen alle, die heute Milch getrunken haben.
- Im einen Kreis sind alle Kinder, die mindestens eine Schwester (Brüder zählen nicht) haben, und im anderen alle Kinder, die mindestens einen Bruder haben (hier zählen die Schwestern nicht).
- Im einen Kreis stehen alle Kinder, die einen Hund haben, im anderen alle, die ein anderes Tier haben.

Fallen euch noch andere Dinge ein?

Manon Sander: Aufgabensammlung Sachrechnen
© Auer Verlag GmbH, Donauwörth

Klasse 4: Übersicht

= leicht = mittel = schwer

Aufgaben mit differenzierten Aufgabestellungen können mehreren Schwierigkeitsstufen zugeordnet werden.

Aufgaben mit Bezug zur Lebenswirklichkeit

Nr.				
61	Einkaufen			✗
62	Im Supermarkt		✗	✗
63	Wie viele Haken werden gebraucht?		✗	✗
64	Wie heißt die Zahl?		✗	
65	Wer ist eigentlich wer?		✗	
66	Viele Kinder	✗	✗	
67	Wie alt ist Sandro?		✗	
68	Auf dem Reiterhof		✗	✗
69	Wie ist es am günstigsten?	✗	✗	
70	Wir gehen auf Klassenfahrt		✗	✗
71	In der Jugendherberge		✗	
72	Im Schwimmbad	✗		
73	Im Kletterpark		✗	
74	In der Eisdiele			✗
75	Top 10		✗	
76	Unser Abschlussfest			✗

Handlungsorientierte Aufgaben

Nr.				
77	Auf einem mittelalterlichen Markt oder warum man heute in Metern misst	✗		
78	Dinosaurier	✗	✗	✗
79	Unser Klassenzimmer		✗	
80	Himmel und Hölle	✗		
81	Wale	✗		
82	Körper	✗		
83	Kreise zeichnen		✗	
84	Wir machen Knetgummi		✗	
85	Unser Körper	✗	✗	
86	Gruppentische		✗	

Statistische Aufgaben

Nr.				
87	Fahrrad-Check-Up	✗		
88	Schuhgrößen in unserer Klasse	✗		
89	Bundesjugendspiele	✗		
90	Handys	✗		

Manon Sander: Aufgabensammlung Sachrechnen
© Auer Verlag GmbH, Donauwörth

61 Einkaufen

Letzten Freitag war die Mutter von Renardo krank und Renardo musste allein zum Einkaufen gehen. Seine Mutter gab ihm 20 Euro und einen Einkaufszettel mit, auf dem stand, was er alles besorgen sollte.

„Trage bitte in die Liste ein, wie viel das günstigste und wie viel das teuerste Angebot kosten! Kaufe immer das günstigste ein. Und wenn du alles eingekauft hast, darfst du dir noch ein Eis für 1 € kaufen."

Als Renardo zurückkam, gab er seiner Mutter die Einkäufe und das restliche Geld zurück. Es waren 5,46 €. Hat Renardo alles richtig gemacht? Oder meinst du, er hätte seiner Mutter einen anderen Betrag geben müssen? Falls ja, welchen?

Menge	Lebensmittel	Günstigstes Angebot	Teuerstes Angebot
2	250 g Gouda (abgepackt)	2,49 €	2,99 €
1	1 Päckchen Eier	1,99 €	3,10 €
1	1 Paket Zucker (1 kg)	1,29 €	1,89 €
1	1 Mischbrot	2,19 €	3,39 €
2	1 Paket Mehl (1 kg)	0,99 €	1,78 €

62 Im Supermarkt

Kai hat für 12,94 € eingekauft. Er gibt einen Pfandbon für 1,05 € ab und bezahlt mit einem 20 € Schein. Er bekommt 6,01 € zurück. Passt das? Oder ist da etwas schief gelaufen? Falls etwas schief gelaufen ist, weißt du dann, was es war?

Manon Sander: Aufgabensammlung Sachrechnen
© Auer Verlag GmbH, Donauwörth

63 Wie viele Haken werden gebraucht?

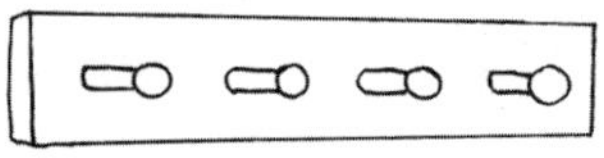

Die Schule soll renoviert werden.	Die Klasse 4b hat die Aufgabe bekommen, die Anzahl der Garderobenhaken ermitteln.	In der 4c sind 27 Schülerinnen und Schüler	Vor jedem Klassenraum sollen 35 Haken angebracht werden.
Die Wand vor den Klassenräumen wird farbig gestrichen.	Pro Haken müssen 3 Löcher gebohrt werden.	Auch vor der Bücherei und vor dem Computerraum sollen so viele Haken angebracht werden wie vor den Klassen.	Es gibt für jedes der 4 Schuljahre 3 Klassenräume.
Die Haken müssen immer im Paket zu 100 Stück gekauft werden.	Im Sommer haben die Kinder oft keine Jacken mit.	Auch beim Hausmeister sollen 15 Haken für Fundsachen angebracht werden.	Einige Kinder hätten die Haken lieber im Klassenraum.
Für die Lehrer gibt es andere Kleiderständer.	Bis zu den Herbstferien soll der Umbau fertig sein.	Von den vorhandenen Haken können 148 noch verwendet werden.	Viele Kinder hätten lieber neue Spielgeräte auf dem Schulhof.

64 Wie heißt die Zahl?

a) Wenn ich eine Zahl mit 5 multipliziere und dann die Summe aus dem Ergebnis und der Differenz aus 20 und 10 bilde, dann erhalte ich 20.

b) Addiert man zu einer Zahl 95 hinzu und dividiert dann durch 10, erhält man 10.

c) Wenn man aus meiner Zahl und der Zahl 78 die Differenz bildet und diese dann mit 4 multipliziert, erhält man 8.

d) Bilde die Differenz aus 23 und meiner Zahl und dividiere 16 durch dies Ergebnis. Du erhältst dann 2.

Manon Sander: Aufgabensammlung Sachrechnen
© Auer Verlag GmbH, Donauwörth

(65) Wer ist eigentlich wer?

Fünf Jungen stehen nebeneinander. Sie haben unterschiedliche Namen, unterschiedliche T-Shirts, andersfarbige Shorts. Jeder von ihnen hat ein anderes Haustier und ein anderes Hobby.

- Sven hat eine Katze.
- Peter trägt ein rotes T-Shirt.
- Michael hat einen Hund.
- Sören trägt gepunktete Shorts.
- Der Junge mit dem grünen T-Shirt steht links neben dem Jungen im weißen T-Shirt.
- Der Junge im grünen T-Shirt trägt Shorts mit Blumen.
- Der Junge, der reitet, hat einen Vogel.
- Der Junge in der Mitte trägt einfarbige Shorts.
- Der Junge im gelben T-Shirt spielt Fußball.
- Der Junge, der neben dem steht, der Shorts mit Kreisen trägt, hat einen Fisch.
- Sven steht ganz links.
- Peter steht neben dem Jungen im blauen T-Shirt.
- Der Junge, der gerne malt, wohnt neben dem, der eine Katze besitzt.
- Der Junge, der ein Pferd hat, wohnt neben dem, der Fußball spielt.
- Der Junge, der gerne liest, trägt Shorts mit Kreisen.
- Sven steht neben dem Jungen im blauen T-Shirt.
- Sören wohnt neben dem Katzenbesitzer
- Thomas hört gern Musik.
- Der Junge im weißen T-Shirt hat nur einen Nachbarn.
- Der Junge, der gerne malt, hat einen Nachbarn, der gestreifte Shorts trägt.

Tipp: Streiche immer den Satz, den du gerade verwendet hast, durch. Beginne wieder oben mit dem Lesen!

Name					
Tier					
Hobby					

(66) Viele Kinder

Maries Vater hat fünf Töchter. Antonia, Beritt, Celina und Dora. Hast du eine Idee, welches der Anfangsbuchstabe der 5. Tochter sein könnte? Begründe deine Entscheidung!

(67) Wie alt ist Sandro?

Als Sandro geboren wurde, waren seine Eltern zusammen 40 Jahre alt. Der Vater ist 2 Jahre älter als die Mutter. Wenn man das Alter von Sandros Eltern heute zusammenrechnet, dann sind sie 60 Jahre alt. Wie alt ist Sandro heute? Wie alt ist die Mutter und wie alt ist der Vater heute? Wie alt waren sie bei Sandros Geburt?

Manon Sander: Aufgabensammlung Sachrechnen
© Auer Verlag GmbH, Donauwörth

(68) Auf dem Reiterhof

Wie viele Personen sind bei der Feier dabei?

Wenn man den Grillplatz mieten möchte, dann kostet das 2 € pro Person.	Wenn es weniger als 30 Personen sind, dann müssen sie trotzdem 60 € zahlen.	Sina möchte ihren Geburtstag auf dem Reiterhof feiern.	Natürlich können die Kinder auch mit einem Pony reiten und eine Planwagenfahrt machen.
Sina hat 2 Schwestern und 2 Cousinen, die auf jeden Fall mitkommen.	Auf dem Hof gibt es 29 Pferde.	Aus ihrer Klasse hat Sina 5 Mädchen eingeladen.	Außerdem kommen noch 2 Jungen aus dem Nachbarhaus.
Die Jungen wollen lieber Fußball spielen und sind nicht bei der Planwagenfahrt dabei.	Außer Sinas Eltern sind noch ihre Tante und ihre Oma dabei.	Im Planwagen fahren nur die Kinder mit.	Außer den Kindern reiten auch Sinas Mutter und ihre Tante mit. Pro Person kostet der Ausritt 7 €.
Die Kutschfahrt kostet 20 €	1 Mädchen musste leider absagen, weil sie eine Pferdehaarallergie hat.	Zum Glück scheint heute die Sonne.	Um 15.00 Uhr kommen die Gäste und um 18.30 Uhr können sie wieder abgeholt werden.

(69) Wie ist es am günstigsten?

Piet und seine Brüder mögen Hunde sehr gern. Nun gibt es einen Hundefilm mit zwei Fortsetzungen. Piet möchte gern die günstigste Möglichkeit wählen. Bei einem Online Buchhändler kostet ein Film 12,99 €. Als Download gibt es nur den neusten Film. Er kostet da 12,95 €. Piet sieht beim Einkaufen im Supermarkt alle Filme. Der erste Teil kostet hier 9,99 €, der zweite Teil 13,29 € und der dritte Teil 13,99 €. Wo soll Piet die Filme kaufen? Was ist am günstigsten?

Manon Sander: Aufgabensammlung Sachrechnen
© Auer Verlag GmbH, Donauwörth

(70) Wir gehen auf Klassenfahrt

Wie teuer wird die Fahrt für jeden einzelnen Schüler/jede einzelne Schülerin?

In die Klasse 3a und in die Klasse 3b gehen jeweils 26 Kinder.	Der Bus kostet für die Hin- und Rückfahrt 7500 €.	Ein Junge ist krank und kann nicht mitkommen.	Auf dem Schulhof sind nur noch die Schülerinnen und Schüler aus der ersten und zweiten Klasse.
In die Klasse 4a gehen 24 Kinder, in die 4b 25 Kinder.	Die dritten und vierten Klassen fahren zusammen nach Norderney.	Das Schiff kostet pro Kind 8 € und pro Erwachsenem 12 €.	Die Klassenfahrt dauert von Samstag bis Samstag
Die ganze Woche ist schönes Wetter!	In dem Haus gibt es nur 4-Bett-Zimmer.	Die Besichtigung des Leuchtturms kostet pro Kind 2 €.	Die Lehrerin bezahlt die Schifffahrt für die Kinder und 5 Lehrer mit zwei 500 € Scheinen.
Im Haus gibt es 53 Zimmer für Kinder.	Eine Übernachtung mit Essen kostet pro Kind 23 €. Die Lehrer sind frei.	Auf der Fahrt haben die Kinder Seehunde gesehen.	An einem Tag gibt es Eis zum Nachtisch.

(71) In der Jugendherberge

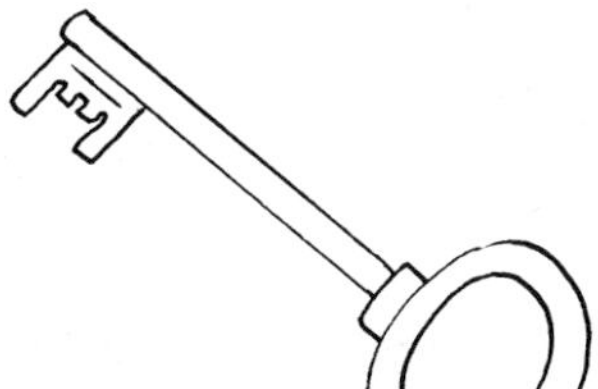

In der Jugendherberge im Schwarzwald müssen die Zimmer verteilt werden. Es sind 13 Jungen und 14 Mädchen aus der 3b der Schlossschule Karlsruhe mitgefahren sowie 2 Lehrerinnen.

In der Jugendherberge angekommen, händigen die Herbergseltern den Lehrerinnen 9 Schlüssel aus – 2 gehören zu Einzelzimmern für die Lehrerinnen und 7 sind für Dreibettzimmer. Reicht das, werden noch mehr Zimmer gebraucht oder sind das zu viele?

Wie viel Zimmer würde eure Klasse brauchen?

Manon Sander: Aufgabensammlung Sachrechnen
© Auer Verlag GmbH, Donauwörth

72 Im Schwimmbad

Im Schwimmbad kostet ein grüner Weingummifrosch 10 Cent.

„Mensch“, sagt Paul zu seinem Freund. „Da könnte man richtig Geld verdienen, wenn man eine Tüte mitbringt und die hier verkauft!“

Was meinst du, lohnt sich das? Eine Tüte kostet 97 Cent und in der Tüte sind ungefähr 30 Frösche.

73 Im Kletterpark

Eintrittspreise:

Kinder bis 12 Jahre:	7,50 €
Erwachsene:	12,00 €
Gruppen ab 10 Personen, pro Person:	10,00 €
Jugendgruppen bis 14 Jahre ab 20 Personen, pro Person	7,00 €
2 Erwachsene + 2 Kinder:	35,00 €

Berechne, was der Eintritt für dich und deine Familie kosten würde.

Wie teuer wäre das für eure Klasse?

Wie kannst du es am besten für deine Geburtstagsfeier planen, wenn 2 Erwachsene und deine Freunde mitkommen?

74 In der Eisdiele

Spaghettieis	Erdbeereis	Orangenbecher	Astronautenbecher
3,00 €	3,50 €	2,70 €	3,40 €

Selina, Madina, Jonas, Steve und Jule treffen sich in der Eisdiele. Steve legt 13,60 € auf den Tisch und sagt: „Ich lade euch alle ein!“ Kann sich jedes Kind das aussuchen, was es gerne hätte? Wenn Madina noch 3 € dazu legt, was können die Kinder dann auswählen? Finde mindestens drei verschiedene Möglichkeiten! Wer aus eurer Klasse findet die meisten Möglichkeiten?

Manon Sander: Aufgabensammlung Sachrechnen
© Auer Verlag GmbH, Donauwörth

(75) Top 10

a) Für die Abschlussdisko werden Lieder gesucht. Als die Top 10 der 4b veröffentlicht wird, unterhalten sich die Jungen und Mädchen darüber. Stelle die Top 10 zusammen. Dazu erstellst du dir am besten eine Liste in deinem Heft.

„Frosty Winter“ hat es gerade noch in die Top 10 geschafft.

Wenn man die Buchstaben von „LAUT“ zählt, erfährt man den Platz, auf dem es steht.

„Kling-klang-klong“ steht zwei Plätze besser als „Laut“.

Wenn man die Platzierung von „LAUT“ verdoppelt, bekommt man die von „Spring“.

„Hey!“ steht noch vor „Kling-klang-klong“.

„Kraftakt“ steht genau in der Mitte zwischen „Spring“ und „Laut“.

„Wild“ steht genau zwischen „kling-klang-klong“ und „LAUT“.

Ein Platz vor „Frosty Winter“ liegt „4 to go“.

„Sing a song“ ist auf einem besseren Platz als „Red“.

b) Du musst nun den Titeln die Interpreten zuordnen. Die Kinder geben dir dazu einige Hinweise!

Die Gruppe „Hello“ ist auf dem letzten Platz der ersten Hälfte.

„S.T.A.R.K“ ist auf dem ersten Platz der zweiten Hälfte.

Wenn man die Platzierung von „S.T.A.R.K“ halbiert, bekommt man die der „Funny People“.

Verdopple die Platzierung von „Hello“ und du weißt, wo die „Schneemänner“ stehen.

Auf einem geraden Platz zwischen „S.T.A.R.“K und der Gruppe „Schneemänner“ findest du „Mini“.

Die „P-Group“ steht zwischen dem Spitzenreiter und den „Funny People“.

„Alle zusammen“ stehen auf dem besten Platz.

„Stef“ liegt auf einem geraden Platz.

Wenn du die Ziffern von „D4 3R“ zusammenzählst, dann erfährst du, auf welchem Platz die stehen.

Wenn du den Platz der „Funny People“ mit drei multiplizierst, weißt du, wo „MAX“ steht.

Hast du Lust, eine Top 10 in deiner Klasse zu erstellen? Was hört ihr gern für Musik?

Manon Sander: Aufgabensammlung Sachrechnen
© Auer Verlag GmbH, Donauwörth

(76) Unser Abschlussfest

Die Klasse 4b der Grundschule Süd plant ein Abschlussfest. „Das machen wir diesmal ganz allein!“, schlägt Morten vor. „Sag mal spinnst du?“, meint Timo. „Willst du etwa die ganzen Getränkekisten schleppen, den ganzen Abend grillen und alles andere auch noch machen?“ „Nee“, antwortet Morten, „wir planen das und sagen dann den Eltern, was sie besorgen und bezahlen müssen!“ „O.k.“, erwidert Lisa, „ich glaube, etwa 3 Kisten Getränke müssten reichen und 40 Würstchen!“ Simon schlägt sich mit der Hand vor die Stirn. „Wir müssen doch erst mal wissen, wer kommt, dann überlegen wir, was wir brauchen könnten, und dann, was das kostet!“ „Das ist gar nicht so einfach“, sagt Viktor, „woher wollen wir denn vorher wissen, wer was isst?“ „Ach, das schaffen wir schon!“, beruhigt Sam ihn.

Nachdem sich die Kinder auf einen Termin geeinigt haben, haben sie die Anmeldungen entgegengenommen. In der Klasse sind 23 Kinder. Bis auf drei kommen alle. 2 kommen ganz allein, weil die Eltern keine Zeit haben. 2 Kinder kommen mit jeweils 1 Erwachsenen und 10 Kinder mit 2 Erwachsenen. 1 Kind bringt seine Mutter und seinen jüngeren Bruder mit, 3 Kinder kommen mit 2 Erwachsenen und 1 Geschwisterkind, 1 Kind bringt seinen Vater und 2 Geschwister mit und 1 anderes 2 Erwachsene und 3 Geschwister – eines dieser Geschwister ist allerdings noch ein Baby und wird nichts essen. Außerdem kommen die Klassenlehrerin Frau Schilling und 2 andere Lehrerinnen.

Sie haben durch Befragungen herausgefunden, dass ein Erwachsener ungefähr $2\frac{1}{2}$ Würstchen isst, die Kinder jeweils $1\frac{1}{2}$ Würstchen. Bei Getränken muss pro Person ungefähr mit 1 l gerechnet werden. 1 muslimisches Mädchen, das mit seinen Eltern kommt und keine Geschwister hat, bringt die Würstchen für sich und ihre Eltern selbst mit.

Ketchup, Brot und Salate werden so aufgeteilt, dass jede Familie etwas mitbringt. Eine Fleischerei am Ort bietet der Klasse die Würstchen für 70 Cent pro Stück an, allerdings müssen immer Pakete mit jeweils 10 Würstchen abgenommen werden. Die Getränke können angeliefert werden, die Kinder beschließen, zur Hälfte süße Getränke (Cola, Orangenlimonade, Zitronenlimonade usw.) und zur Hälfte Wasser zu kaufen. Wenn Sie keine teuren Marken nehmen, wird es viel billiger. 1 Kasten mit 12 Flaschen, in denen jeweils 0,7 l sind, kostet 4,98 € (süße Getränke) und 4,21 € (Mineralwasser).

Für Dekomaterial, Servietten und ein paar Süßigkeiten planen die Kinder 32,20 €.

Die Lehrerinnen sollen natürlich nichts bezahlen, denn sie werden zu der Feier eingeladen.

Was muss alles bestellt werden? Wie viel Geld müssen die Schülerinnen und Schüler denn nun pro Person berechnen? Meinst du, dass Kinder weniger zahlen sollten als Erwachsene? Es kann ruhig ein wenig mehr Geld eingesammelt werden, der Rest wird dann für ein Geschenk für die Klassenlehrerin genommen. Es sollen möglichst glatte Beträge gesammelt werden.

Manon Sander: Aufgabensammlung Sachrechnen
© Auer Verlag GmbH, Donauwörth

77 Auf einem mittelalterlichen Markt oder warum man heute in Metern misst

Vielleicht bist du schon einmal auf einem mittelalterlichen Markt gewesen. Dort gibt es Gaukler, die Kunststücke vorführen, Bänkelsänger, die ihr Liedgut vortragen, und man kann eine Menge Waren kaufen. Damals gab es nämlich noch keine Läden oder Versandhäuser und auch das Internet kannte noch niemand.

Kleidung gab es auch noch nicht fertig zu kaufen, man musste sich zunächst Tuch kaufen, wie man die Stoffe damals nannte, und sie dann entweder selbst zusammennähen oder, wenn man das Geld besaß, zu einem Schneider bringen, der dann Kleidungsstücke daraus machte.

Damals gab es noch kein Zentimetermaß, keine überall gültigen Zollstöcke oder Lineale. Es wurde einfach mit dem gemessen, was man so hatte. Als Maßeinheit galt zum Beispiel eine Elle, man hätte auch sagen können, ein Unterarm. Einer der Knochen, der vom Handgelenk zum Ellenbogen führt, heißt nämlich Elle.

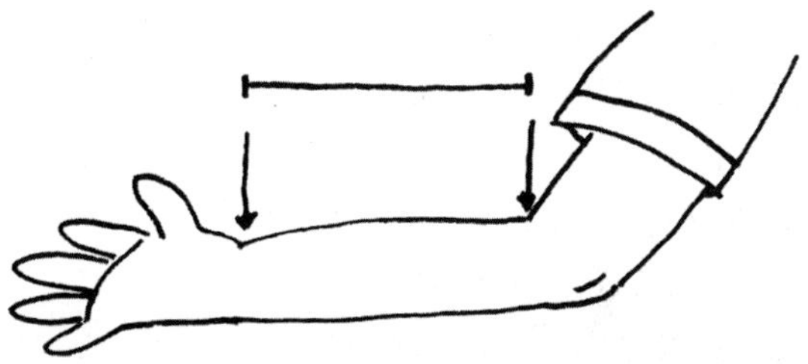

a) Jeder von euch sollte nun mal einen Papierstreifen basteln, der so lang ist wie seine Elle. Setzt euch in Gruppen (4–5 Schülerinnen und Schüler) zusammen und vergleicht eure Ergebnisse. Was meint ihr, könnte die Elle als Maßeinheit früher zum Streit geführt haben und wenn ja, warum?

b) Es gab noch andere Maßeinheiten, die verwendet wurden, zum Beispiel „Fuß“. Messt einmal den Klassenraum mit euren Füßen aus. Wer von euch braucht die meisten Füße, um den Raum auszumessen, und wer die wenigsten? Womit hängt das zusammen?

c) Fallen dir noch andere Maße für Strecken oder Längen ein, die du nutzen könntest? Was könntest du damit ausmessen?

d) Diskutiert in der Gruppe oder in der ganzen Klasse darüber, warum es sinnvoll ist, sich auf ein gemeinsames Maß zu einigen. Gibt es noch andere Maße, die dir einfallen?

Manon Sander: Aufgabensammlung Sachrechnen
© Auer Verlag GmbH, Donauwörth

(78) Dinosaurier

Dinosaurier lebten vor ziemlich langer Zeit auf unserer Erde. Viele von ihnen waren friedlich, andere jedoch ernährten sich vom Fleisch anderer Dinosaurier und waren deshalb für ihre Beutetiere lebensgefährlich.

Einige waren riesig und andere waren ganz klein.

Stell dir nun mal folgende Situation vor: Du warst zufällig bei einer Knochenausgrabung dabei und zeichnest nun den Körper des Dinosauriers auf. Es handelt sich dabei um eine völlig neue und bisher auch komplett unerforschte Art! Dabei kannst du unter folgenden drei Modellen wählen. Benutze am besten ein Zeichenblockblatt, damit du genügend Platz hast.

Modell 1:
Dein Saurier ist riesig groß – der passt natürlich in seiner Originalgröße nicht auf das Papier. Deshalb muss du eine Verkleinerung wählen, zum Beispiel: 10 cm in Wirklichkeit sind 1 cm auf deinem Bild. Wenn die Wirbelsäule des Tieres 80 cm lang war, dann würdest du auf dem Papier 8 cm zeichnen. Das wäre dann im Maßstab 1:10 gezeichnet.

Modell 2:
Dein Saurier war so klein, dass er genau auf das Papier passen würde. Dann zeichnest du ihn so, wie er war – in seiner Originalgröße.

Modell 3:
Vielleicht ist auch eine ganz winzige Art entdeckt worden, so groß wie eine Fliege oder ein Käfer. Um überhaupt etwas erkennen zu können, müsstest du das Ganze nun vergrößern. Überlege, welche Vergrößerung da Sinn ergibt (10:1 oder vielleicht 100:1). Wenn der komplette Saurier nur 1 mm groß war, dann ist nicht viel gewonnen, wenn du ihn nur 10-mal so groß zeichnest, denn dann wäre er ja auch nur 1 cm groß. Besser wäre es da ja, ihn wenigstens 10 cm groß zu zeichnen.

Schreibe deinen jeweiligen Maßstab immer unten rechts an das Bild, damit man weiß, wie groß dein Urtier in Wirklichkeit ist.

Vielleicht bietet sich auch noch die Gelegenheit, das Tier im Kunstunterricht aus Pappmaschee und Draht zu basteln, dann kannst du ihm auch noch ein paar Schildplatten und eine spezielle Farbe geben. Ein kleiner Tipp noch zum Arbeiten mit Pappmaschee: Nimm als letzte Schicht weißes Zellstoffpapier (Küchenrolle, Taschentücher, Toilettenpapier), dann lässt sich die Figur besser anmalen! Achte auch hier darauf, deinen Maßstab einzuhalten!

Manon Sander: Aufgabensammlung Sachrechnen
© Auer Verlag GmbH, Donauwörth

79 Unser Klassenzimmer

Weißt du eigentlich, wie groß dein Klassenzimmer ist? Was meinst du: Ist es größer als euer Wohnzimmer zu Hause oder kleiner? Größer oder kleiner als dein Kinderzimmer? Wahrscheinlich weißt du das nicht einfach so, deshalb solltest du es einmal ausmessen.

Benutze einen spitzen Bleistift und ein Lineal, um die verschiedenen Räume aufzuzeichnen. Ein Kästchen entspricht einem Meter. Ein halbes Kästchen ist dann ein halber Meter – also 50 Zentimeter.

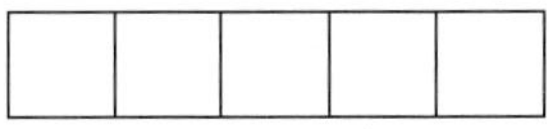

Miss die Räume aus und schreibe die Maße auf. Nun kannst du auch noch die Größe der Flächen berechnen. Das geht eigentlich ganz einfach: Wenn das Zimmer ein Rechteck ist, dann hast du je zwei Seiten, die sich gegenüberliegen und gleich lang sind. Davon musst du nun jeweils eine der Seiten nehmen und mit der anderen multiplizieren.

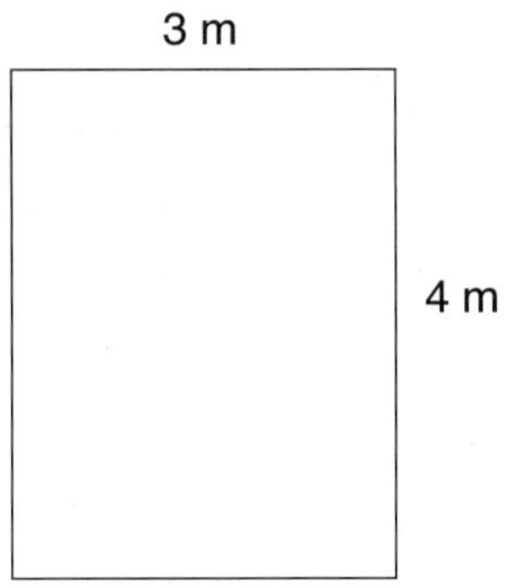

$3\ \text{m} \cdot 4\ \text{m} = 12\ \text{m}^2$

Wenn du kleine Vorsprünge oder Ecken in dem Zimmer hast, dann beachte sie nicht. Sind es größere, dann musst du sie einzeln berechnen.

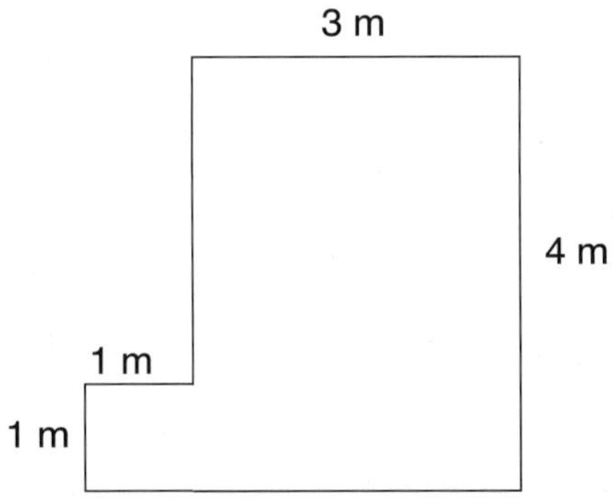

$3\ \text{m} \cdot 4\ \text{m} + 1\ \text{m} \cdot 1\ \text{m} = 13\ \text{m}^2$

Wenn es dir schwer fällt, mit Kommazahlen zu rechnen, dann darfst du sie kürzen und erweitern. Bei allen Werten unter 50 cm lässt du die Kommazahl einfach weg, bei allen ab 50 cm nimmst du einen Meter mehr.

War deine Schätzung nun richtig? Ist dein Kinderzimmer größer, euer Wohnzimmer oder euer Klassenraum?

Manon Sander: Aufgabensammlung Sachrechnen
© Auer Verlag GmbH, Donauwörth

80 Himmel und Hölle

Du brauchst ein quadratisches oder ein rechteckiges Blatt Papier. Ein rechteckiges musst du aber vorher noch in ein quadratisches ändern. Falte dazu eine Diagonale, indem du die kürzere Seite genau auf die längere knickst. Das Stückchen, das nicht doppelt ist, das wird nun abgeschnitten.

Jetzt hast du in jedem Fall ein Quadrat. Falte nun die beiden Diagonalen. Sie verbinden die beiden sich gegenüberliegenden Ecken miteinander. Wenn du ganz genau gearbeitet hast, dann bekommst du in der Mitte zwei Knicklinien, die zu einander senkrecht stehen.

Bis zu dem Mittelpunkt, der sich aus den Knicklinien bildet, werden als nächstes die vier Ecken geknickt.

Das Papier wird umgedreht. Man sieht auf der Rückseite vier Quadrate. Wieder werden die Ecken bis zum Mittelpunkt hineingeknickt.

Auf der Rückseite findest du vier Taschen, in die du mit den Fingern hineingehen und so die Spitzen hochstellen kannst. Fertig ist dein Gebasteltes. Wenn du möchtest, dann kannst du noch Zahlen und lustige Sprüche darauf schreiben, es anmalen und dann deine Freunde mit den Sprüchen ärgern.

Viel Spaß!

Bitte erst einmal umknicken oder sogar abschneiden, denn die Anleitung soll nur als Hilfe dienen, falls es anders nicht geht, oder zur Kontrolle nach dem Basteln.

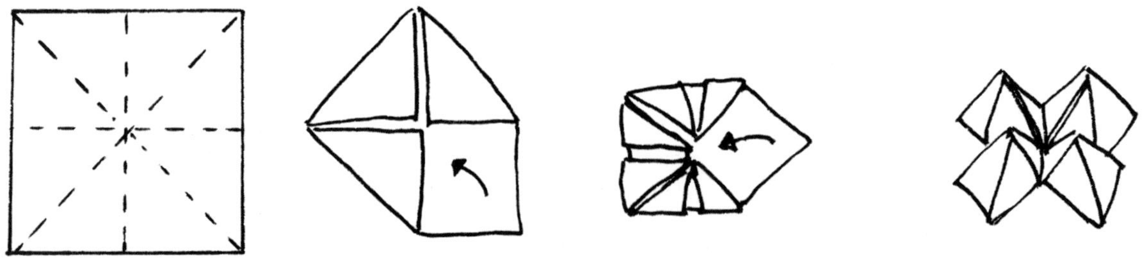

Manon Sander: Aufgabensammlung Sachrechnen
© Auer Verlag GmbH, Donauwörth

(81) Wale

Wale sind die größten auf der Erde lebenden Säugetiere. Außerdem leben sie im Wasser und atmen wie wir Menschen durch Lungen.

Hast du dir schon mal Gedanken darüber gemacht, wie groß so ein Wal werden kann?

Unten aufgeführt sind verschiedene Größenangaben für verschiedene Walarten. Besorge dir Kreide und zeichne die einzelnen Wale auf den Schulhof. Das Messen übernehmt ihr am besten zu zweit oder zu dritt.

Überlegt euch, was ihr zum Messen verwenden wollt:
Lineal, Maßband, Zollstock usw.

Vergleicht mit den Ergebnissen der anderen Gruppen, um zu sehen, ob eure Wale ungefähr die richtige Größe haben.

Größenangaben Wale:

Pottwal: 20 m

Zwergpottwal: 3,4 m

Schnabelwal: 14 m

Delfin: 3 m

Blauwal: 30 m

Wie viele Blauwale könntet ihr hintereinander auf den Schulhof legen?

Manon Sander: Aufgabensammlung Sachrechnen
© Auer Verlag GmbH, Donauwörth

(82) Körper

In einem Bereich der Mathematik, der Geometrie, spricht man von Körpern. Damit ist nicht dein Körper und der deines besten Freundes oder deiner besten Freundin gemeint, sondern Figuren, die bestimmte Merkmale haben.

Hier siehst du die Abbildungen zu einigen Körpern. Schreibe auf die Linien darunter die Namen der Körper. Diese sind in dem Kasten unter den Körpern aufgelistet. Darunter findest du Merkmale, die du den Körpern zuordnen sollst. Schreibe die Zahl in das Kästchen unter den Schreiblinien. Finde danach noch ein Beispiel für jeden Körper (zum Beispiel eine Apfelsine für den Körper Kugel) und schreibe es in das unterste Kästchen.

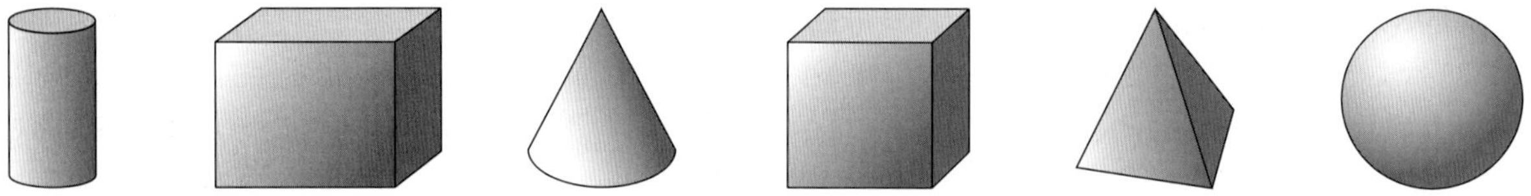

Quader – Kugel – Zylinder – Würfel – Pyramide – Kegel

1) hat keine Kanten
2) hat sechs gleiche Flächen und 12 gleich lange Kanten
3) die Grundfläche ist ein Quadrat, vier gleiche Dreiecke treffen sich in der Spitze
4) die Grundfläche ist ein Kreis, der Körper hat eine Kante und eine Spitze
5) besteht aus zwei gleichen Kreisen, zwei Kanten und einem Rechteck
6) hat sechs Flächen in drei verschiedenen Größen und 12 Kanten, von denen immer vier gleich sind

Bildet Dreiergruppen und baut eine Fühlkiste aus einem Karton. Schneidet in diesen ein Loch, das so groß ist, dass eine Hand hineinfassen kann. Einer von euch legt nun einen Gegenstand in die Kiste, ein anderer fühlt, um welchen Gegenstand es sich handelt, und beschreibt, was er fühlt. Der Dritte muss erraten, um was für einen Körper es sich handelt.

Suche dir aus Zeitschriften und Katalogen Figuren, die aus den oben aufgeführten Körpern bestehen, und klebe sie auf die Rückseite dieses Blattes.

Manon Sander: Aufgabensammlung Sachrechnen
© Auer Verlag GmbH, Donauwörth

83 Kreise zeichnen

Du kannst Kreise zeichnen, in dem du dir zum Beispiel einen Teller oder eine CD auf ein Blatt legst und diese dann umrandest.

Bei einem solchen Kreis kannst du aber nicht bestimmen, wie groß der Kreis genau sein soll. Du bist dabei immer auf die Größe deiner Schablone angewiesen. Mit einem Zirkel kannst du da viel genauer arbeiten. Ihn kannst du auf eine entsprechende Größe einstellen und mit ein wenig Übung einen Kreis zeichnen.

Schwierig wird es nun mit einem Kreis, der einen so großen Durchmesser hat, dass du ihn mit dem Zirkel nicht mehr zeichnen kannst. Der Durchmesser deines Kreises soll 1 m betragen, der Radius wären somit ________ cm. So einen großen Zirkel gibt es noch nicht mal für die Tafel.

Bildet Gruppen und verwendet als Hilfsmittel ein Springseil aus der Turmhalle, einen Maßstab oder ein Maßband sowie ein Stück Kreide. Damit dürft ihr auf dem Schulhof zeichnen. Welche Gruppe findet zuerst eine Lösung für das Problem?

Wenn ihr fertig mit dem Zeichnen seid und noch Zeit ist, dann könnt ihr den Kreis wie bei einer Wurfscheibe in mehrere Teile aufteilen und Zahlen hineinschreiben. Werft nun von einem bestimmten Punkt aus Ringe oder Sandsäcke auf den Kreis. Wer von euch erreicht die höchste Summe aus drei Würfen?

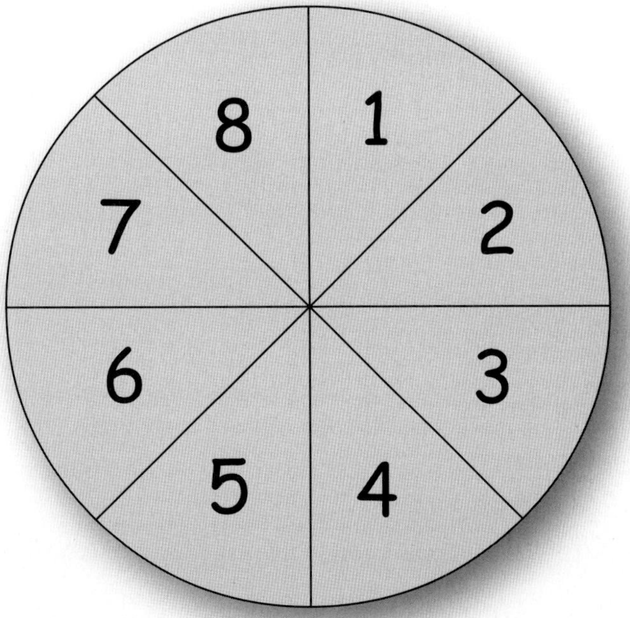

Manon Sander: Aufgabensammlung Sachrechnen
© Auer Verlag GmbH, Donauwörth

84 Wir machen Knetgummi

Die Kinder hier verraten euch, welche Zutaten ihr für die Herstellung von Knetgummi benötigt. Allerdings stimmen die Mengenangaben nicht so ganz.

Zusätzlich benötigt ihr:
Messbecher, Rührschüssel, Esslöffel, Waage, Wasserkocher (für die Klasse)

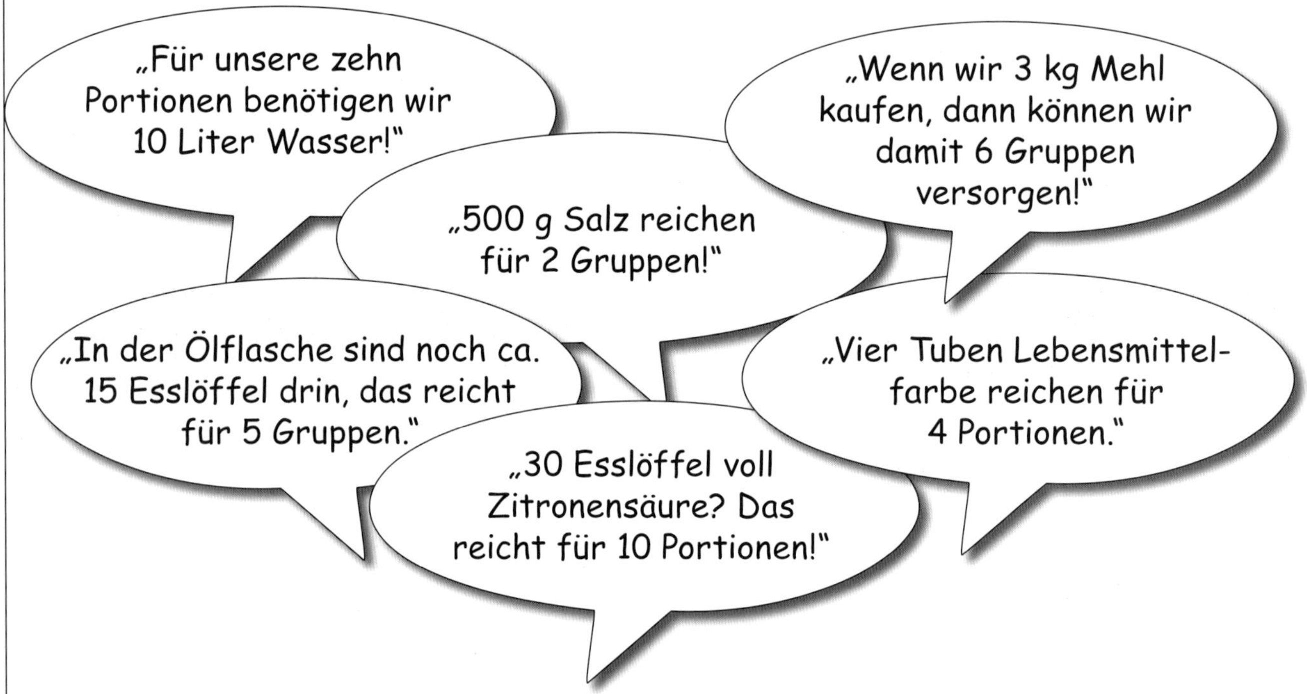

Schreibt euch genau auf, wie viel ihr für eine Portion benötigt.

Zubereitung:

- Messt das Wasser ab und bringt es im Wasserkocher zum Kochen.
- Füllt das Wasser nun in die Rührschüssel und gebt die Lebensmittelfarbe, das Öl und das Zitronensäure hinzu. Verrührt das Ganze mit dem Löffel. Vorsicht, das Wasser ist richtig heiß!
- Nun müsst ihr das Salz und das Mehl mischen.
- Gebt das Gemisch in den Topf zu dem bunten Wasser.
- Rührt erst mit dem Löffel um, bis die Masse ein wenig abgekühlt ist, danach könnt ihr die Hände nehmen und auf dem Tisch weiterkneten.
- Ist die Masse zu fest und lässt sich nicht mehr alles Mehl verkneten, dann fügt noch ein wenig Öl löffelweise hinzu, d.h. erst ein Löffel und dann verkneten, und wenn das noch nicht reicht, noch ein weiterer Löffel usw.
- Ist die Masse zu flüssig und lässt sie sich nicht in Form bringen, dann könnt ihr noch etwas Mehl hinzufügen: Immer so viel, wie in eine Hand passt, verkneten, und wenn das nicht reichen sollte, noch ein bisschen mehr hinzufügen.

Nun könnt ihr kneten. Tauscht von Eurem Knetgummi mit den anderen Gruppen, so habt ihr mehr Farben. Vielleicht wollt ihr auch etwas mischen!

Manon Sander: Aufgabensammlung Sachrechnen
© Auer Verlag GmbH, Donauwörth

(85) Unser Körper

Der Motor in unserem Körper ist das Herz. Es pumpt das Blut durch den Körper. Du kannst messen, wie schnell dein Herz schlägt. Such dir eine Stelle am Hals, an der du deinen Herzschlag spüren kannst, oder lege die Hand direkt auf dein Herz, dann kannst du auch die Schläge spüren. Auch an der Innenseite deines Handgelenks kannst du den Pulsschlag spüren. Probiere aus, wo es am besten geht.

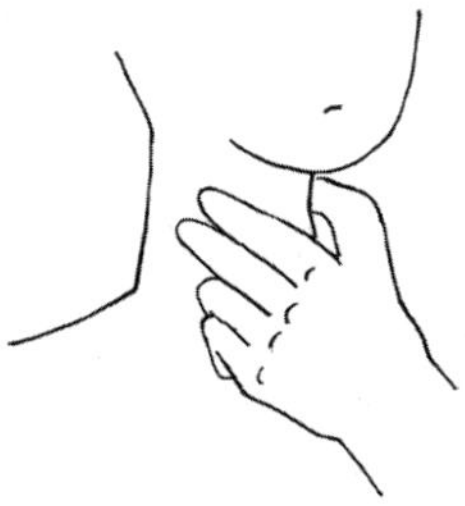

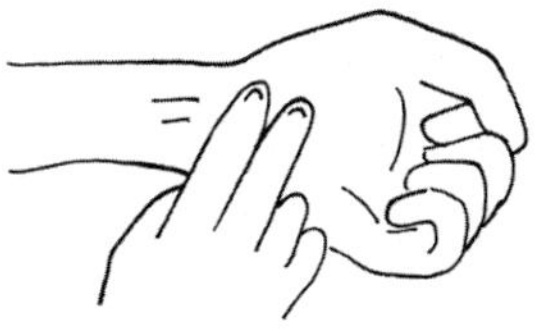

Du brauchst nun eine Stoppuhr oder eine Uhr mit Sekundenzeiger, ein Blatt Papier, einen Stift und einen Partner, der mit dir zusammenarbeitet. Du fühlst nach deinem Herzschlag, und wenn dein Partner „Los" sagt, dann beginnst du mit dem Zählen. Dein Partner misst 20 Sekunden ab und sagt dir dann Bescheid.

Mein Wert nach 20 Sekunden: ____________________

Mache nun 10 Kniebeugen und messt dann noch einmal!

Mein Wert nach 20 Sekunden: ____________________

Natürlich musst du bei deinem Partner auch die Zeit abmessen!

Berechne dann deinen Herzschlag für eine Minute, eine Stunde, einen Tag.

1 Minute = 60 Sekunden 1 Stunde = 60 Minuten 1 Tag = 24 Stunden

Berechne, wie oft dein Herz schlagen würde, wenn du dich ausruhst, und wie oft, wenn du dich die ganze Zeit anstrengen würdest!

	Ruhepuls	Puls unter Belastung
1 Minute		
1 Stunde		
1 Tag		

Manon Sander: Aufgabensammlung Sachrechnen
© Auer Verlag GmbH, Donauwörth

86 Gruppentische

Auch wenn ihr mit eurer Sitzordnung ganz zufrieden seid – von Zeit zu Zeit muss man die einfach mal ändern. Vielleicht sind einzelne Kinder doch nicht so ganz zufrieden und durch das Umsetzen kann man auch andere Kinder der Klasse näher kennenlernen. Außerdem ist es gut, wenn man lernt, in anderen als den bekannten Gruppen zu arbeiten.

Nimm die Anzahl der Schülerinnen und Schüler deiner Klasse und berechne, wie viele Gruppentische du bilden kannst und wie viele Kinder übrig bleiben. Überlege dir dann, was du mit den Kindern machst, die übrig geblieben sind.

Wenn zum Beispiel 38 Kinder in deiner Klasse wären – was natürlich nicht der Fall ist, denn so groß ist keine Klasse –, dann könntest du 7 Tische mit je 5 Schülerinnen und Schülern besetzen und 3 in einer Kleingruppe zusammenfassen. Oder du hast 4 Tische mit 5 Schülerinnen und Schülern und 3 Tische mit 6 Kindern.

Wie sieht es in deiner Klasse aus? Was für Möglichkeiten ergeben sich da?

Schneide für die Möglichkeit, die dir am besten gefällt, Tische aus. (Zweiertische 2 cm · 1 cm und Einertische 1 cm · 1 cm). Klebe auf, wie du sie gern stellen würdest, und zeichne Kreise für die Köpfe der Schülerinnen und Schüler ein!

Manon Sander: Aufgabensammlung Sachrechnen
© Auer Verlag GmbH, Donauwörth

87 Fahrrad-Check-Up

In diesem Schuljahr steht bei euch die Radfahrprüfung an. Bestimmt habt ihr schon dafür geübt. Wichtig ist aber vor allem auch, dass eure Fahrräder verkehrssicher sind.

Was ist wichtig, damit ein Rad verkehrssicher ist?

Überprüft die Räder in eurer Klasse. Wo sind die meisten Mängel zu finden?

Kein Mangel	
Vorderlicht	
Rücklicht	
Roter Reflektor	
Speichenreflektoren	
......	

Versucht, das doch auch einmal grafisch darzustellen. Du kannst das zum Beispiel mit einem Balkendiagramm machen. Oder fällt dir noch eine andere Möglichkeit ein?

Hier findest du ein Beispiel für ein Balkendiagramm.

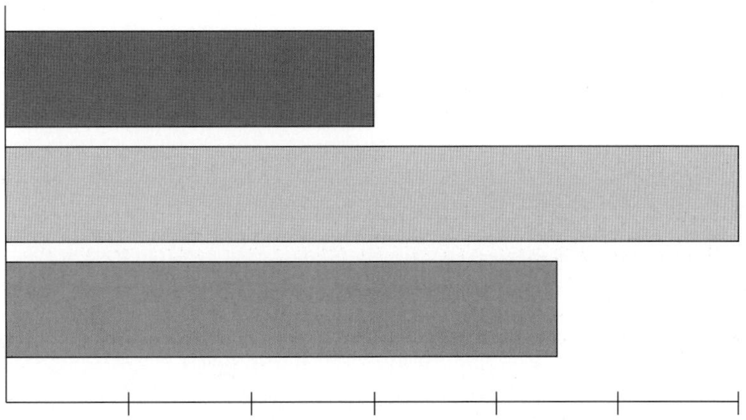

Vielleicht könnt ihr zusammen mit Eltern an einem Nachmittag oder einem Wochenende ausprobieren, wie man ein Fahrrad reparieren kann. Manches kann man nämlich selbst machen!

Manon Sander: Aufgabensammlung Sachrechnen
© Auer Verlag GmbH, Donauwörth

⑧⑧ Schuhgrößen in unserer Klasse

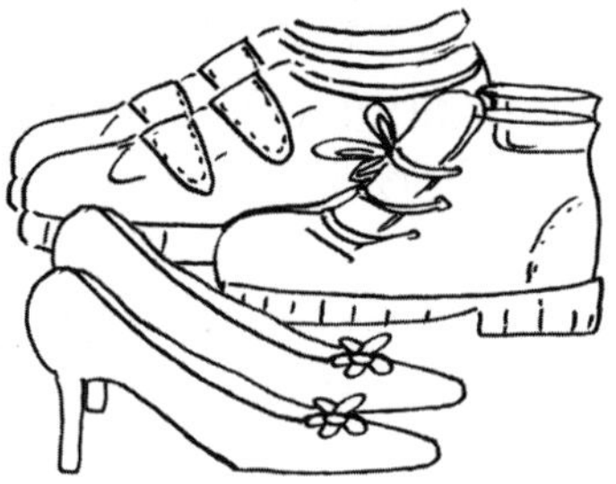

Erstelle eine Liste und trage in diese Liste die Schuhgrößen aus deiner Klasse ein. Vielleicht kannst du dabei unterscheiden zwischen Mädchen und Jungen.

Danach kannst du ein Säulendiagramm zeichnen.

Dazu musst du erst einmal noch Vorbereitungen treffen.

1. Welches ist die kleinste Schuhgröße, die ein Kind in deiner Klasse trägt?
2. Welches ist die größte?
3. Welches ist die Schuhgröße, die die meisten Kinder haben, und wie viel Kinder haben diese Schuhgröße?

Zeichne nun zwei Linien in dein Heft. Die Linie nach oben zeigt die Anzahl der Kinder an, die eine bestimmte Schuhgröße tragen. Die Linie nach rechts zeigt die Schuhgrößen an.

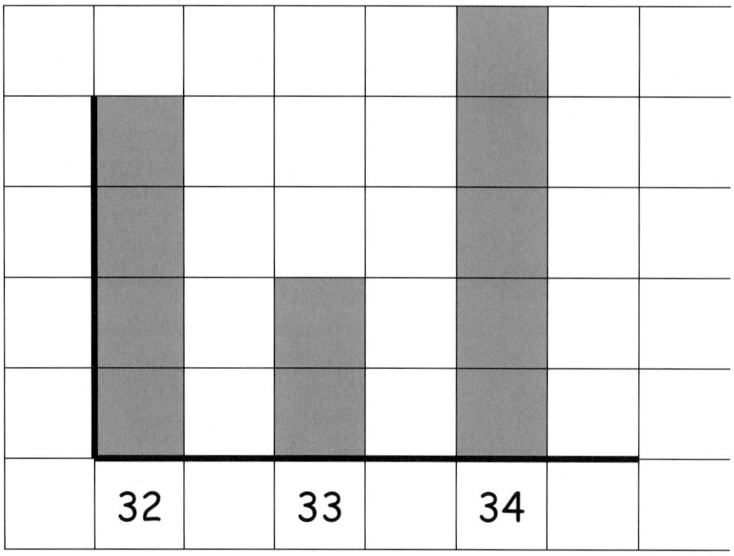

Schreibe die Schuhgrößen hinein und färbe für jedes Kind, das diese Schuhgröße hat, ein Kästchen ein. In diesem Beispiel haben 4 Kinder die Schuhgröße 32, 2 tragen Schuhe in Größe 33 und 5 Kinder die Größe 35.

Wie sieht es in deiner Klasse aus?

Hast du eine Idee, wie man zwischen Jungen und Mädchen unterscheiden könnte?

Manon Sander: Aufgabensammlung Sachrechnen
© Auer Verlag GmbH, Donauwörth

(89) Bundesjugendspiele

Lasst euch doch nach den Bundesjugendspielen die Ergebnisse eurer Klasse geben – allerdings ohne die Namen, da vielleicht nicht jeder eurer Mitschüler will, dass alle diese kennen.

Welche Weiten wurden im Weitsprung und Werfen erreicht? Welche Zeiten wurden gelaufen? Stell die Ergebnisse in einem Säulendiagramm dar.

Du kannst auch den Durchschnitt berechnen – das ist der Mittelwert aller Ergebnisse eurer Klasse. Für den Durchschnitt werden pro Disziplin alle erreichten Werte addiert und dann durch die Anzahl der Schülerinnen und Schüler geteilt.

Habt ihr unterschiedliche Ergebnisse, wenn ihr den Durchschnitt der Jungen und den der Mädchen vergleicht?

(90) Handys

Startet doch in eurer Schule mal eine Umfrage zum Thema Handy: Wie viele Schülerinnen und Schüler haben eigentlich schon in der Grundschule ein Handy?

Schreibt bei der Umfrage möglichst viele Daten der befragten Kinder auf, z. B.

- Alter
- Klassenstufe
- Junge / Mädchen
- Ältere Geschwister ja/nein

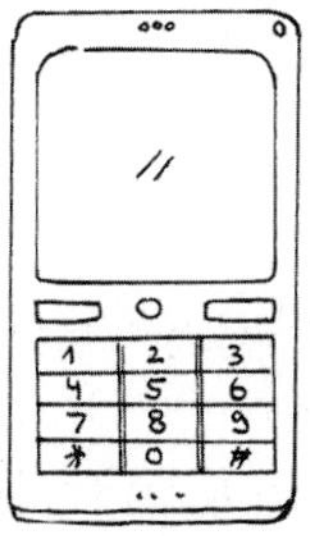

Versucht jetzt, anhand der gesammelten Informationen folgende Dinge herauszufinden:
Besitzen mehr ältere oder jüngere Kinder ein Handy? Haben mehr Mädchen als Jungen ein Handy?

Welche Möglichkeiten fallen euch noch ein?

Manon Sander: Aufgabensammlung Sachrechnen
© Auer Verlag GmbH, Donauwörth

Lösungen

Klasse 2:

① Im Zoo bei den Hasen **(Seite 9)**

Für die Lösung der Frage sind folgende Sätze relevant:
- In den Ställen im Zoo leben 9 Hasen.
- Am Mittwoch werden 4 Jungtiere geboren.
- Familie Dröge kauft 2 Hasen.
- Familie Pieper kauft 1 Hasen.
- Mikka muss seine 2 Hasen wieder abgeben, weil seine Schwester allergisch ist.

Rechnung: $9 + 4 - 2 - 1 + 2 = 12$
Antwort: Am Ende der Woche sind 12 Hasen im Zoo.

Zusätzliche Aufgaben:

Wie viel nimmt der Zoo in dieser Woche für den Verkauf ein?

Im Zoo kann man auch Hasen kaufen. Einer kostet 15 €.
Familie Dröge kauft 2 Hasen.
Familie Pieper kauft 1 Hasen.

Rechnung: 15 · 2 + 15 € = 45 € oder 15 € + 15 € + 15 €= 45 €
Antwort: Der Zoo verkauft in dieser Woche für 45 € Hasen.

Eventuell ist es noch möglich, die Möhren zu zählen, die gebraucht werden. Die Lösungen sind jedoch sehr vielschichtig. Am Montag sind es 9 Möhren. Am Freitag nur noch 6. Ab Samstag wieder 8 Möhren. In dieser Woche wären das dann 58 Möhren. Allerdings kann diese Antwort auch etwas anders ausfallen, wenn zum Beispiel die Kinder die verkauften Hasen noch mit einrechnen, weil sie ihnen an dem Tag noch eine Möhre geben wollen. Lassen Sie sich darum die Antwort begründen.

② Viele Hasen **(Seite 9)**

Rechnung: $3 + 5 + 6 = 14$ $\quad$ $14 - 5 = 9$

Sie müssen für 9 Hasen neue Besitzer suchen.

Findet man keine neuen Besitzer, dann kann man im Tierheim, einem Zoo oder einem Kleintierzuchtverein vor Ort nachfragen.

③ Sportstunden **(Seite 10)**

Montag: Übungen am Kasten:
$27 : 3 = 9$
Es werden 9 Kästen benötigt.

Dienstag: Jonglieren mit Tüchern
$27 - 2 + 1 = 26$
$26 + 26 = 52$
Es werden 52 Tücher benötigt.

Manon Sander: Aufgabensammlung Sachrechnen
© Auer Verlag GmbH, Donauwörth

Freitag: Bodenturnen
27 – 3 = 24
24 : 4 = 6 Matten
In der Turnhalle liegen 6 Matten.

④ Spielzeugautos (Seite 11)

Für die Lösung der Frage sind folgende Sätze relevant:
- Lisa hat 12 Autos mitgebracht.
- Marie hat 6 Autos und holt noch 7 von ihrem Bruder dazu.
- Maries Bruder ist sauer. Eines seiner Autos ist kaputtgegangen!

Rechnung: 12 + 6 + 7 = 25
25 – 1 = 24
Es sind noch 24 Autos heile.

Weitere mögliche Aufgaben:

Wie lange spielen die beiden zusammen?
Lisa und Marie treffen sich um 15.00 Uhr zum Spielen.
Gegen 18.00 Uhr muss Lisa nach Hause.

18 – 15 = 3
Sie spielen drei Stunden zusammen.

Wie viele Autos sind nicht rot?
Lisa hat 12 Autos mitgebracht.
Marie hat 6 Autos und holt noch 7 von ihrem Bruder dazu.
8 Autos sind rot.

25 – 8 = 17
17 Autos sind nicht rot.

Wie viele Sekunden ist das langsamste Auto langsamer als das schnellste?
Sie stoppen, wie lange die Autos brauchen. Das schnellste ist in 12 Sekunden unten, das langsamste in 35.

35 – 12 = 23
Es ist 23 Sekunden langsamer.

⑤ Kindergeburtstag (Seite 11)

A
20 : 10 = 2
25 – 20 = 5

Jedes Kind darf zwei Luftballons mitnehmen. Es bleiben 5 Luftballons übrig.

Eventuell kann es auch sein, dass die Kinder ausrechnen, dass 7 Ballons übrig bleiben. Dann haben sie Simon nicht mit berechnet. Das müsste auch als richtig gelten.

B
30 : 10 = 3
Jedes Kind darf 3 Muffins essen.

Manon Sander: Aufgabensammlung Sachrechnen
© Auer Verlag GmbH, Donauwörth

⑥ Am Badesee (Seite 12)

A + B

0,50 € + 0,50 € = 1 €
1 € + 1 € = 2 €

3 € – 2 € = 1 €

Das Geld reicht und es bleibt noch 1 € übrig!

⑦ In welcher Stunde? (Seite 12)

In der ersten Stunde hat Per Musik, in der zweiten Mathematik, in der dritten Sport, in der vierten und fünften seine Klassenlehrerin

⑧ Milch, Kakao und Vanillemilch (Seite 12)

8 + 3 + 4 = 15
26 – 15 = 11
11 Kinder bestellen nichts.

⑨ Ein Turm aus Legosteinen (Seite 13)

18 + 5 + 3 + 6 + 2 + 3 + 1 + 2 = 40
40 : 2 = 20
Der Turm hat 20 Schichten.

⑩ Aquarium (Seite 13)

a) 12 + 9 = 21
Es sind 21 Fische im Aquarium.

b) 28 °C – 6 °C = 22 °C
Das Wasser sollte mindestens 22 °C warm sein.

⑪ Schneeballschlacht (Seite 14)

12 + 16 = 28
28 : 4 = 7
7 · 3 = 21

In jeder der vier Gruppen sind 7 Kinder. Jede Gruppe darf 21 Schneebälle auf den Baum werfen.

⑫ Schlittenfahrt (Seite 14)

27 lässt sich nicht durch 2 teilen, aber 26.
20 : 2 = 10
6 : 2 = 3
10 + 3 + 1 = 14
Es werden 14 Schlitten benötigt.

Manon Sander: Aufgabensammlung Sachrechnen
© Auer Verlag GmbH, Donauwörth

⑬ Schneewand (Seite 14)

10 + 9 + 8 + 7 + 6 + 5 + 4 + 3 + 2 + 1 = 55

Es werden 55 Schneebälle benötigt.

⑭ Wie viele Äpfel kommen in den Obstsalat? (Seite 15)

Für die Lösung der Frage sind folgende Sätze relevant:
- Sinan bringt 3 Bananen mit, Finja doppelt so viele Äpfel.
- Max hat den Zucker dabei und 1 Apfel.
- 2 Orangen und halb so viele Äpfel legt Rabea auf den Tisch.
- Leon bringt einen ganzen Korb mit Äpfeln aus dem eigenen Garten mit. Darin sind von 3 Sorten jeweils 4 Äpfel.
- Sarah hat 3 besonders schöne rote Äpfel mitgebracht.

3 + 3 = 6
2 : 2 = 1
3 · 4 = 12 oder 4 + 4 + 4 = 12

6 + 1 + 1 + 12 + 3 = 23
23 Äpfel kommen in den Salat.

Weitere mögliche Aufgaben:

Wie viele Orangen kommen in den Salat?
2 + 6 = 8
Es kommen 8 Orangen in den Salat.

Wie viele Bananen kommen in den Salat?
3 + 5 = 8
Es kommen 8 Bananen in den Salat.

⑮ Wie viele Kinder haben am Ende der zweiten Klasse das Seepferdchen? (Seite 15)

Für die Lösung der Frage sind folgende Sätze relevant:
- 20 Kinder hatten schon das Seepferdchen, als der Schwimmunterricht begann.
- 4 Kinder können bereits nach der dritten Stunde die Prüfung ablegen.
- Vor den Weihnachtsferien schaffen es 18 Kinder, jeweils eine Bahn für das Seepferdchen-Abzeichen zu schwimmen.
- Allerdings trauen sich 2 Kinder nicht, ins Wasser zu springen.
- Kurz vor den Sommerferien können noch 12 Kinder die Prüfung ablegen.

20 + 4 + 18 – 2 + 12 = 52

52 Kinder haben am Ende des Schuljahres das Seepferdchen.

Weitere mögliche Aufgaben:

Wie viele Kinder fahren zum Schwimmunterricht?
23 + 25 + 22 = 70
70 Kinder fahren zum Schwimmunterricht.

Manon Sander: Aufgabensammlung Sachrechnen
© Auer Verlag GmbH, Donauwörth

Wie viele Kinder haben kein Seepferdchen?
70 – 52 = 18
18 Kinder haben kein Seepferdchen.

Wie viele Kinder schwimmen im Tiefen?
70 – 12 = 58
58 Kinder schwimmen schon im Tiefen.

⑯ Plus (+) Minus (–) Mal (·) Geteilt (:) (Seite 16)

Rechenzeichen: :
Rechnung: 28 : 4 = 7
Antwort: Es können 7 Gruppen gebildet werden.

Rechenzeichen: –
Rechnung: 78 – 9 = 69
Antwort: Er hat noch 69 Karten.

Rechenzeichen: +
Rechnung: 34 + 7 = 41
Antwort: Sie hat jetzt 41 Sticker.

Rechenzeichen: ·
Rechnung: 4 · 6 = 24
Antwort: Sie essen zusammen 24 Schokoküsse.

Rechenzeichen: ·
Rechnung: 7 · 5 = 35
Antwort: Er muss 35 Ballons kaufen.

⑲ Wir backen einen Kuchen (Seite 19)

Ein Ei wiegt ca. 50 g (ohne Schale). Größere Eier wiegen mehr, kleinere entsprechend weniger. Lassen Sie die Schülerinnen und Schüler ausprobieren, wiegen, berechnen und abschätzen. Sie werden ihre eigenen Strategien entwickeln, wie zum Beispiel das ganz genaue Abwiegen der Zutaten bis hin zum Abschätzen und Hochrechnen. Es muss auch nicht auf das Gramm genau berechnet werden.

Die Rezepte sehen ungefähr so aus:

2 Eier	3 Eier	4 Eier	5 Eier
100 g Mehl	150 g Mehl	200 g Mehl	250 g Mehl
100 g Zucker	150 g Zucker	200 g Zucker	250 g Zucker
100 g Fett	150 g Fett	200 g Fett	250 g Fett
100 g Milch	150 g Milch	200 g Milch	250 g Milch

Bei groben Fehlern, werden die Schülerinnen und Schüler jedoch merken, dass etwas bei ihrem Rezept nicht richtig gelaufen ist, und es dann eventuell verbessern.

Manon Sander: Aufgabensammlung Sachrechnen
© Auer Verlag GmbH, Donauwörth

㉓ Wie lautet meine Zahl? (Seite 23)

Am schnellsten (wenn man den Zufall außer Acht lässt) erreicht man die gesuchte Zahl, wenn man immer die Mitte der Zahlen nimmt.

Die erste Zahl, die man tippen sollte, ist die 50. Ist die Zahl kleiner, dann ist 25 die nächste Zahl, die getippt wird. Ist die gesuchte Zahl größer, sollte die 37 oder 38 genommen werden. So geht es dann weiter, bis die gesuchte Zahl richtig ermittelt wird!

㉗ Haustiere in unserer Klasse (Seite 27)

Diese Umfrage sollen die Schülerinnen und Schüler in der Klasse durchführen. Um einen ersten Eindruck zu bekommen, sollen sie nur die Daten sammeln. Das wird anfangs gar nicht so einfach sein, denn einige Kinder werden nicht mehr wissen, wen sie schon gefragt haben und wen nicht, manche können eventuell auch nicht damit umgehen, von einem Kind zwei verschiedene Tiere genannt zu bekommen.

Klasse 3:

㉛ Mathe in der Turnhalle (Teil 1) (Seite 32)

	Anzahl der Gruppen	übrige Kinder
2er-Gruppen	13	1
3er-Gruppen	9	0
4er-Gruppen	6	3
5er-Gruppen	5	2
6er-Gruppen	4	3
7er-Gruppen	3	6
8er-Gruppen	3	3
9er-Gruppen	3	0
10er-Gruppen	2	7

㉜ Mathe in der Turnhalle (Teil 2) (Seite 32)

	Anzahl der Kinder	Anzahl der Gruppen	übrige Kinder
2er-Gruppen	27	13	1
3er-Gruppen	26	8	2
4er-Gruppen	24	6	0
5er-Gruppen	24	4	4
6er-Gruppen	20	3	2
7er-Gruppen	18	2	4
8er-Gruppen	14	1	6
9er-Gruppen	8	0	8
10er-Gruppen	Keine Kinder mehr da		

Manon Sander: Aufgabensammlung Sachrechnen
© Auer Verlag GmbH, Donauwörth

Wenn man die größten Gruppen abwechselnd bildet (10er Gruppe/9er Gruppe), dann ist nach ganz wenigen Durchläufen das Spiel zu Ende. In dem Fall der 27 Schülerinnen und Schüler würden bei der 10er-Gruppe sieben ausscheiden, bei der 9er-Gruppe dann 2, bei einer neuen 10er-Gruppe 8, sodass nur noch 10 übrig wären. Es ist nun egal, welche Gruppengröße gewählt wird (abgesehen von 2, denn da würde niemand ausscheiden), bei einer erneuten 10er-Gruppe könnten sich keine Kinder mehr zusammenfinden.

㉝ Ganz schön heavy! (Seite 33)

Delfin	Pinguin	Affe	Löwe	Elefant	Strauß	Pandabär	Nilpferd	Giraffe	Eisbär	Kamel	Uhu	Känguru
80 kg	20 kg	50 kg	250 kg	7000 kg	145 kg	160 kg	1400 kg	700 kg	650 kg	500 kg	2,5 kg	70 kg

㉞ Im Supermarkt (Seite 33)

Für die Lösung der Frage sind folgende Sätze relevant:
- Die Äpfel kosten zusammen 3 Euro.
- Die Kinder möchten gern ganz besondere Kekse kaufen – eine Packung kostet 2 €. Sie kaufen 3 Packungen.
- Sie kaufen auch noch drei Bücher für je 10 €.
- Sie nehmen eine Packung Eier für 2 € mit.
- Der Vater kauft noch 4 l Milch für 50 Cent pro Packung.
- Obwohl es beim Kauf von 4 Packungen Waschmittel einen Rabatt von 8 € gibt, nehmen sie nur 2 Packungen für je 9 € mit.

Rechnung: 3 € + 3 · 2 € + 3 · 10 € + 2 € + 4 · 0,50 € + 2 · 9 € = 61 €

Sie müssen 61 € bezahlen.

Weitere mögliche Fragen:

Wie viele Äpfel kaufen sie?
8 + 4 = 12
Sie kaufen 12 Äpfel.

Was kosten die Kekse zusammen?
3 · 2 € = 6 €
Die Kekse kosten zusammen 6 €.

Was kosten die Bücher zusammen?
3 · 10 € = 30 €
Die Bücher kosten zusammen 30 €.

Was kostet die Milch?
4 · 0,50 € = 2 €
Die Milch kostet 2 €

Was kosten 4 Packungen Waschmittel?
4 · 9 € – 8 € = 28 €
Vier Packungen Waschmittel kosten 28 €.

Was bekommt der Vater zurück?
100 € – 61 € = 39 €
Er bekommt 39 € zurück.

Manon Sander: Aufgabensammlung Sachrechnen
© Auer Verlag GmbH, Donauwörth

㉟ Im Zirkus (Seite 34)

a) Partneraufgabe

A

$8 \cdot 9 = 72$

Es finden 72 Personen in den Logen Platz.

B

$10 \cdot 15 = 150$

Auf den Bänken können 150 Personen sitzen.

A + B

$72 + 150 = 222$

Im Zirkus ist Platz für 222 Zuschauer.

b) An der Zirkuskasse

8 · 9 € = 72 €
2 · 11 € = 22 €
72 € + 22 € = 94 €

8 · 7 € = 56 €
2 · 9 € = 18 €
56 € + 18 € = 74 €

8 · 5 € = 40 €
2 · 7 € = 14 €
40 € + 14 € = 54 €

In den Logen müssten sie 94 € zahlen, auf den unteren Rängen würde es 74 € kosten und ganz hinten auf der Bank 54 €.

㊱ In der Manege (Seite 35)

Der Jongleur jongliert zuerst mit 4 Bällen.
Er bekommt noch 5 weitere Bälle dazu.
Mit wie vielen Bällen jongliert er nun?
$4 + 5 = 9$
Er jongliert mit neun Bällen.

In der ersten Nummer treten 4 Pferde auf.
Es gibt noch eine Nummer mit 2 Ponys und eine mit 1 Pony.
Wie viele Beine haben die Pferde zusammen?
$4 + 2 + 1 = 7$
$7 \cdot 4 = 28$
Die Pferde haben zusammen 28 Beine.

Der Clown braucht eine Menge Menschen, die ein Seil festhalten.
Er holt 4 Kinder, 7 Frauen und 3 Männer in die Manege.
Wie viele Hände halten nun zusammen mit dem Clown das Seil fest?
$4 + 7 + 3 + 1 = 15$
$15 + 15 = 30$
30 Hände halten das Seil.

Manon Sander: Aufgabensammlung Sachrechnen
© Auer Verlag GmbH, Donauwörth

Die beiden Seelöwen treten um 15.55 Uhr auf.
Ihr Auftritt endet um 16.05 Uhr.
Wie lange dauerte der Auftritt?
15.55 -> 16.00 => 5 min
16.00 -> 16.05 => 5 min
5min + 5 min = 10 min
Der Auftritt der Seelöwen dauert 10 Minuten.

Natascha hat 5 Auftritte, in denen sie jedes mal ein anderes Kostüm trägt. Zwischen den Auftritten trägt sie einen schwarzen Anzug.
Wie oft muss Natascha sich für die Vorstellung umziehen?
5 + 4 = 9
Sie muss sich 9-mal umziehen.

In der Pause kann man die Tierschau besuchen. Kinder zahlen 1 €, Erwachsene 2 €.
Paul ist mit seinen Eltern und seinem Bruder in Zirkus. Seine Mutter bleibt im Zelt.
Wie viel Geld muss der Vater für die Tierschau zahlen?
1 € + 1 € + 2 € = 4 €
Der Vater muss 4 € zahlen.

Im Zirkus gibt es viele Hunde. Drei treten in der Vorstellung auf. Zwei weitere laufen so herum.
Einer davon hat 9 Welpen.
Wie viele Hunde gibt es im Zirkus?
3 + 2 + 9 = 14
Es gibt 14 Hunde.

Heute war die letzte Vorstellung und die Stühle müssen zusammengestellt werden.
In jeder der 8 Reihen stehen 9 Stühle.
Wie viele Stühle gibt es im Zirkus?
9 · 8 = 72
Es gibt 72 Stühle.

(37) Rechendetektive (Seite 36)

Die gesuchten Zahlen sind: 35, 81, 56

(38) Der verlorene Kassenzettel (Seite 36)

3 · 1 € = 3 €
2 · 30 Cent = 60 Cent
3 € + 0,60 € + 1,40 € + 0,20 € = 5,20 €

Der Zettel mit dem Betrag 5,20 € ist der richtige.

(39) Viel zu lesen (Seite 37)

673 – 158 = 515
Er kann noch 515 Seiten lesen.

(40) Fast geschafft! (Seite 37)

438 – 29 = 409
Sie hat schon 409 Seiten gelesen.

Manon Sander: Aufgabensammlung Sachrechnen
© Auer Verlag GmbH, Donauwörth

㊶ Viele Seiten (Seite 37)

72 + 5 = 77
Das Buch hat nur 77 Seiten.

㊷ Lesezeichen verloren (Seite 37)

372 – 84 = 288
Sie muss auf Seite 288 gewesen sein.

㊸ Matheunterricht (Seite 38)

a) 11.50 -> 12.00 => 10 Minuten
12.00 -> 12.15 => 15 Minuten
10 Minuten + 15 Minuten = 25 Minuten
Die Stunde dauert noch 25 Minuten.

b) 12.05 + 15 min = 12.20
Um 12.20 Uhr müssen die Schülerinnen und Schüler den Test abgeben.

㊹ Sportunterricht (Seite 38)

a) 9.20 – 45 = 8.35
Um 8.35 Uhr hat die Stunde begonnen.

b) 7 min + 8 min = 15 min
45 min – 15 min = 30 min
oder
8.35 + 7 min = 8.42
9.20 – 8 min = 9.12
9.12 – 8.42 = 30 min

㊺ Kannst du helfen? (Seite 39)

39 + 78 + 65 + 275 + 45 + 73 + 54 + 67 + 288 = 984
Die Lehrer haben die Strohhalme alle eingesammelt, weil sie damit basteln wollen.
Das bekommt man heraus, wenn man alle Strohhalme zusammenzählt.

㊻ Was meinst du dazu? (Seite 39)

35 min + 27 min + 26 min + 19 min + 23 min = 130 min
13.45 + 130 min = 15.55
Charlotte wird um 15.55 Uhr fertig. Sie kann es dann noch ins Schwimmbad schaffen!

Manon Sander: Aufgabensammlung Sachrechnen
© Auer Verlag GmbH, Donauwörth

München – Stuttgart: 221 km
Frankfurt: 392 km
Saarbrücken: 476 km
Kassel: 475 km
Köln: 577 km
Hamburg: 776 km
Bremen: 748 km
Hannover: 632 km
Berlin: 590 km
Dresden: 462 km
Leipzig: 429 km
Schwerin: 757 km
Potsdam: 555 km
Wiesbaden: 424 km
Erfurt: 395 km
Mainz: 422 km
Magdeburg: 524 km

Stuttgart – Frankfurt: 204 km
Saarbrücken: 262 km
Kassel: 367 km
Köln: 375 km
Hamburg: 668 km
Bremen: 642 km
Hannover: 524 km
Berlin: 637 km
Dresden: 510 km
Leipzig: 477 km
Schwerin: 769 km
Potsdam: 603 km
Wiesbaden: 220 km
Erfurt: 350 km
Mainz : 215 km
Magdeburg: 572 km

Frankfurt – Saarbrücken: 184 km
Kassel: 196 km
Köln: 192 km
Hamburg : 496 km
Bremen: 448 km
Hannover: 352 km
Berlin: 570 km
Dresden: 464 km
Leipzig: 393 km
Schwerin: 597 km
Potsdam: 519 km
Wiesbaden: 40 km
Erfurt: 258 km
Mainz: 43 km
Magdeburg: 427 km

Saarbrücken – Kassel: 370 km
Köln: 258 km
Hamburg: 670 km
Bremen: 578 km
Hannover: 527 km
Berlin: 727 km
Dresden: 638 km
Leipzig: 567 km
Schwerin: 771 km
Potsdam: 693 km
Wiesbaden: 159 km
Erfurt: 432 km
Mainz: 146 km
Magdeburg: 601 km

Kassel – Köln: 248 km
Hamburg: 309 km
Bremen: 282 km
Hannover: 165 km
Berlin: 383 km
Dresden: 356 km
Leipzig: 256 km
Schwerin: 410 km
Potsdam: 349 km
Wiesbaden: 218 km
Erfurt: 192 km
Mainz: 221 km
Magdeburg: 240 km

Köln – Hamburg: 426 km
Bremen: 320 km
Hannover: 293 km
Berlin: 579 km
Dresden: 572 km
Leipzig: 500 km
Schwerin: 527 km
Potsdam: 545 km
Wiesbaden: 166 km
Erfurt: 365 km
Mainz: 181 km
Magdeburg: 435 km

Manon Sander: Aufgabensammlung Sachrechnen
© Auer Verlag GmbH, Donauwörth

Hamburg – Bremen: 122 km
Hannover: 157 km
Berlin: 289 km
Dresden: 500 km
Leipzig: 395 km
Schwerin: 110 km
Potsdam: 283 km
Wiesbaden: 518 km
Erfurt: 398 km
Mainz: 521 km
Magdeburg: 280 km

Bremen – Hannover: 131 km
Berlin: 397 km
Dresden: 474 km
Leipzig: 369 km
Schwerin: 225 km
Potsdam: 363 km
Wiesbaden: 466 km
Erfurt: 371 km
Mainz: 469 km
Magdeburg: 254 km

Hannover – Berlin: 290 km
Dresden: 367 km
Leipzig: 262 km
Schwerin: 253 km
Potsdam: 256 km
Wiesbaden: 374 km
Erfurt: 254 km
Mainz: 377 km
Magdeburg: 147 km

Berlin – Dresden: 194 km
Leipzig: 190 km
Schwerin: 211 km
Potsdam: 36,4 km
Wiesbaden: 571 km
Erfurt: 303 km
Mainz: 573 km
Magdeburg: 157 km

Dresden – Leipzig: 148 km
Schwerin: 400 km
Potsdam: 211 km
Wiesbaden: 517 km
Erfurt: 216 km
Mainz: 486 km
Magdeburg: 229 km

Leipzig – Schwerin: 362 km
Potsdam: 161 km
Wiesbaden: 415 km
Erfurt: 147 km
Mainz: 418 km
Magdeburg: 129 km

Schwerin – Potsdam: 202 km
Wiesbaden: 620 km
Erfurt: 470 km
Mainz: 623 km
Magdeburg: 308 km

Potsdam – Wiesbaden: 541 km
Erfurt: 273 km
Mainz: 544 km
Magdeburg: 127 km

Wiesbaden – Erfurt: 281 km
Mainz: 15 km
Magdeburg: 450 km

Erfurt – Mainz: 283 km
Magdeburg: 242 km

Mainz – Magdeburg: 453 km

Die Wege über die Straße sind länger als die Luftlinie, da Straßen nicht immer gerade sind, Kurven machen und der direkte Weg nicht immer genommen werden kann.

Manon Sander: Aufgabensammlung Sachrechnen
© Auer Verlag GmbH, Donauwörth

⑤① Wie viele Stunden? (Seite 44)

Zunächst einmal muss berechnet werden, wie viele Mathematikstunden (oder Sport oder sonstige) pro Woche unterrichtet werden sollten.

Das Jahr hat 52 Wochen plus ein paar Tage. Die Ferien (ACHTUNG: nur die kompletten Wochen werden davon abgezogen).

Sinnvoll wäre es nun die Zahl der Stunden mit der Anzahl der Schulwochen zu multiplizieren und die Ferientage und Feiertage (die nicht in den Ferien liegen) davon wieder abzuziehen. Es ist wichtig, auf die Wochentage zu achten. Während Mathe sicherlich nahezu jeden Tag Unterrichtet wird, ist das bei Sport anders. Fällt also ein Montag aus und Sport ist am Dienstag und Donnerstag, dann darf dafür nichts abgezogen werden.

⑤③ Würfel und Quader (Seite 46)

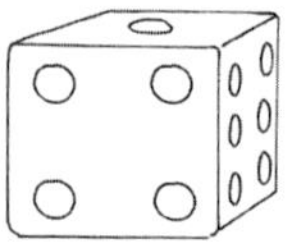

☒	Er hat 8 Ecken.	☒
☒	Alle Kanten sind gleich lang.	☐
☒	Die gegenüberliegenden Flächen sind gleich.	☒
☐	Es gibt immer nur vier gleiche Kanten.	☒

⑤④ Kleine Obstspieße (Seite 47)

Die Kinder brauchen: 4 Äpfel, 2 Bananen, 20 Weintrauben, 2 Zitronen und 80 g Schokolade (12 kleine Spieße)

Wenn die Kinder selbst einkaufen sollten, stellen Sie die Spieße zur Verfügung, denn es ergibt wenig Sinn, diese einzeln zu kaufen.

⑤⑤ Spieglein, Spieglein ... (Seite 48)

Die Lösung ist recht einfach, Gesichter sind nicht komplett gleichmäßig und darum wirkt ein gespiegeltes Gesicht unecht. Das gilt auch für Bäume, andere Pflanzen und Tiere.

Manon Sander: Aufgabensammlung Sachrechnen
© Auer Verlag GmbH, Donauwörth

Klasse 4:

⑥① Einkaufen (Seite 55)

Renardo hat 5,46 € zurückbekommen. Wenn er immer nur die günstigsten Produkte eingekauft hätte, dann hätte er 6,57 € zurückbekommen. Er hat nicht die günstigen Eier gekauft, sondern die teuren. Dadurch kommt der Unterschied zustande.

⑥② Im Supermarkt (Seite 55)

Er bekommt zu wenig Geld zurück.
12,94 € – 1,05 € = 11,89 €

Er müsst dann nur 11,89 € zahlen und würde bei korrekter Berechnung 8,11 € zurückbekommen.
Der Fehler, der passiert ist, ist der, dass der Pfand nicht vom Kaufpreis abgezogen wurde, sondern dazugerechnet wurde.

⑥③ Wie viele Haken werden gebraucht? (Seite 56)

Für die Lösung der Frage sind folgende Sätze relevant:

- Vor jedem Klassenraum sollen 35 Haken angebracht werden.
- Auch vor der Bücherei und dem Computerraum sollen so viele Haken angebracht werden wie vor den Klassen.
- Es gibt für jedes der 4 Schuljahre 3 Klassenräume.
- Auch beim Hausmeister sollen 15 Haken für Fundsachen angebracht werden.
- Von den vorhandenen Haken können noch 148 benutzt werden.

Rechnung: 35 · 14 + 15 – 148 = 490 + 15 – 148 = 505 – 148 = 357
Es werden 357 Haken gebraucht.

Weitere Aufgaben:

Wie viele Löcher müssen gebohrt werden?
505 · 3 = 1515
Es müssen 1515 Löcher gebohrt werden

Wie viele müssen gekauft werden (immer 100 im Paket)?
Es müssen 4 Pakete gekauft werden, sodass es 400 Haken sind.

⑥④ Wie heißt die Zahl? (Seite 56)

□ · 5 + (20 – 10) = 20
□ · 5 + 10 = 20
□ · 5 = 10
□ = 2
Die gesuchte Zahl heißt 2.

(□ + 95) : 10 = 10
10 · 10 = 100
□ + 95 = 100
□ = 5
Die gesuchte Zahl heißt 5.

Manon Sander: Aufgabensammlung Sachrechnen
© Auer Verlag GmbH, Donauwörth

$(\square - 78) \cdot 4 = 8$
$8 : 4 = 2$
$\square - 78 = 2$
$\square = 80$
Die gesuchte Zahl heißt 80.

$16 : (23 - \square) = 2$
$16 : 2 = 8$
$23 - \square = 8$
$\square = 15$

65 Wer ist eigentlich wer? (Seite 57)

T-Shirt	gelb	blau	rot	grün	weiß
Shorts	gestreift	gepunktet	einfarbig	Blumen	Kreise
Name	Sven	Sören	Peter	Thomas	Michael
Tier	Katze	Pferd	Vogel	Fisch	Hund
Hobby	Fußball	Malen	Reiten	Musik	Lesen

66 Viele Kinder (Seite 57)

Die Töchter heißen: Antonia, Beritt, Celina, Dora und Marie. Man könnte annehmen, dass der Anfangsbuchstabe des fünften Mädchens ein „E“ ist, denn die anderen sind alphabetisch von A bis D geordnet.

67 Wie alt ist Sandro? (Seite 57)

Wenn Sandros Eltern heute zusammen genau 20 Jahre älter sind als zum Zeitpunkt von Sandros Geburt, dann sind genau 10 Jahre vergangen.

Bei der Geburt waren sie 19 und 21 Jahre alt. Heute sind sie 29 und 31 Jahre alt.

68 Auf dem Reiterhof (Seite 58)

Diese Aufgabe ist recht einfach zu lösen, allerdings müssen eine Menge an überflüssigen Informationen herausgefiltert werden.

Für die Lösung der Frage sind folgende Sätze relevant:
- Sina möchte ihren Geburtstag auf dem Reiterhof feiern.
- Sina hat 2 Schwestern und 2 Cousinen, die auf jeden Fall mitkommen.
- Aus ihrer Klasse hat Sina 5 Mädchen eingeladen.
- Außerdem kommen noch 2 Jungen aus dem Nachbarhaus.
- Außer Sinas Eltern sind noch ihre Tante und ihre Oma dabei.
- 1 Mädchen musste leider absagen, weil sie eine Pferdehaarallergie hat.

Manon Sander: Aufgabensammlung Sachrechnen
© Auer Verlag GmbH, Donauwörth

Rechnung: 1 + 4 + 5 + 2 + 4 – 1 = 15

Es nehmen 15 Personen an der Feier teil.

Weitere mögliche Aufgaben:

Wie teuer ist der Grillplatz?
15 < 30 -> 60 €

Wie viele Kinder fahren im Planwagen mit?
11 – 2 = 9

Wie viele Pferde werden für den Ausritt gebraucht?
11 + 2 = 13

Was kostet alles zusammen?
60 € + 13 · 7 € + 20 € = 171 €

Wie lange soll die Feier dauern?
15.00 Uhr bis 18.30 Uhr = 3 h 30 min

(69) Wie ist es am günstigsten? (Seite 58)

Als Download bekommt man nur den einen Film für 12,95 €
Bei dem Onlinehändler würden alle drei Filme zusammen 38,97 € kosten.
Im Supermarkt kosten alle drei Filme zusammen 37,27 €.

Es geht aber noch günstiger. Teil 1 aus dem Supermarkt für 9,99 €, Teil 2 bei dem Onlinehändler für 12,99 € und den 3. Teil als Download für 12,95 €. Das sind zusammen 35,93 €.

(70) Wir gehen auf Klassenfahrt (Seite 59)

Für die Lösung der Frage sind folgende Sätze relevant:
- In die Klasse 3a und in die Klasse 3b gehen jeweils 26 Kinder.
- Der Bus kostet für die Hin- und Rückfahrt 7500 €.
- Ein Junge ist krank und kann nicht mitkommen.
- In die Klasse 4a gehen 24 Kinder, in die 4b 25 Kinder.
- Das Schiff kostet pro Kind 8 € und pro Erwachsenem 12 €.
- Die Klassenfahrt dauert von Samstag bis Samstag.
- Die Besichtigung des Leuchtturms kostet pro Kind 2 €.
- Eine Übernachtung mit Essen kostet pro Kind 23 €.

Rechnung:

26 + 26 + 24 + 25 – 1 = 100	(Kinder, die mitfahren)
7500 € : 100 = 75 €	(Kosten pro Kind für den Bus)
8 € + 2 € = 10 €	(Kosten für Schifffahrt und Leuchtturm)
23 € · 7 = 161 €	(Kosten für die Unterbringung)
75 € + 10 € + 161 € = 246 €	(Gesamtkosten für die Fahrt)

Antwort: Die Klassenfahrt kostet pro Kind 246 €.

Zusätzliche mögliche Aufgaben:

Wie viel kostet die Reise für alle Kinder zusammen?
Lösung: 2460 €

Manon Sander: Aufgabensammlung Sachrechnen
© Auer Verlag GmbH, Donauwörth

Wie viele Zimmer brauchen die Kinder?
Lösung: 25

Wie viel kostet die Schifffahrt für die ganze Gruppe?
Lösung: $100 \cdot 8$ € + $5 \cdot 12$ € = 860 €

Wie viel Geld bekommt die Lehrerin zurück?
Lösung: 140 €

Wie viele Zimmer werden nicht benötigt?
Lösung: 28 Zimmer

Wie viele Kinder können noch dort schlafen?
Lösung: 112 Kinder

(71) In der Jugendherberge (Seite 59)

Die Zimmer reichen nicht! Jungen und Mädchen sollen ja nicht zusammen in einem Zimmer schlafen. Deshalb werden neben den 2 Einzelzimmern für die Lehrerinnen insgesamt 10 Dreibettzimmer benötigt: 5 für die Jungen, die dann zwei leere Betten haben und 5 für die Mädchen, die dann ein leeres Bett haben.

(72) Im Schwimmbad (Seite 60)

Rechnung:
$30 \cdot 0{,}10$ € = 3 €
3,00 € – 0,97 € = 2,03 €

Antwort: Man könnte daran 2,03 € verdienen.

(73) Im Kletterpark (Seite 60)

Die Lösungen müssen individuell errechnet werden.
Für eine Familie mit zwei Kindern lohnt sich natürlich der Familientarif mit 35 €, denn die Einzelkarten würden 39 € kosten. Bei der Schulklasse müssten die beiden Begleitpersonen mitgerechnet werden. Solange die Gruppe dann nicht unter 20 Kinder rutscht, sollten zwei Kinder mit zwei Begleitpersonen zusammen eine Karte nehmen. Bei einem Geburtstag würden sich wahrscheinlich nur die 2 + 2-Karte und dann der Einzeleintritt lohnen.
Lassen Sie die Schülerinnen und Schüler individuell rechnen.

(74) In der Eisdiele (Seite 60)

Für Steves Geld gibt es keine große Auswahl. Wenn alle nur den günstigsten Becher nehmen, dann sind nur noch 0,10 € übrig. Wenn Madina die 3 € dazu gibt, dann sind zwar auch nicht alle Kombinationen möglich, aber es gibt eine Menge mehr Möglichkeiten! Die Auflistung im Folgenden verdeutlicht die Vielzahl an Kombinationen. Sie kann auch zur Veranschaulichung für die Schülerinnen und Schüler genützt werden.

Orangenbecher + Orangenbecher + Orangenbecher + Orangenbecher + Orangenbecher = 13,50 €

Orangenbecher + Orangenbecher + Orangenbecher + Orangenbecher + Spaghettieis = 13,80 €

Orangenbecher + Orangenbecher + Orangenbecher + Orangenbecher + Erdbeereis = 14,30 €

Orangenbecher + Orangenbecher + Orangenbecher + Orangenbecher + Astronautenbecher = 14,20 €

Manon Sander: Aufgabensammlung Sachrechnen
© Auer Verlag GmbH, Donauwörth

Orangenbecher + Orangenbecher + Orangenbecher + Spaghettieis + Spaghettieis = 14,10 €

Orangenbecher + Orangenbecher + Orangenbecher + Spaghettieis + Erdbeereis = 14,60 €

Orangenbecher + Orangenbecher + Orangenbecher + Spaghettieis + Astronautenbecher = 14,50 €

Orangenbecher + Orangenbecher + Orangenbecher + Astronautenbecher + Astronautenbecher = 14,90 €

Orangenbecher + Orangenbecher + Orangenbecher + Astronautenbecher + Erdbeereis = 15,00 €

Orangenbecher + Orangenbecher + Spaghettieis + Spaghettieis + Spaghettieis = 14,40 €

Orangenbecher + Orangenbecher + Spaghettieis + Spaghettieis + Astronautenbecher = 14,80 €

Orangenbecher + Orangenbecher + Spaghettieis + Spaghettieis + Erdbeereis = 14,90 €

Orangenbecher + Orangenbecher + Spaghettieis + Astronautenbecher + Astronautenbecher = 15,20 €

Orangenbecher + Orangenbecher + Spaghettieis + Astronautenbecher + Erdbeereis = 15,30 €

Orangenbecher + Orangenbecher + Spaghettieis + Erdbeereis + Erdbeereis = 15,40 €

Orangenbecher + Orangenbecher + Astronautenbecher + Astronautenbecher + Astronautenbecher = 15,60 €

Orangenbecher + Orangenbecher + Astronautenbecher + Astronautenbecher + Erdbeereis = 15,70 €

Orangenbecher + Orangenbecher + Erdbeereis + Astronautenbecher + Erdbeereis = 15,80 €

Orangenbecher + Orangenbecher + Erdbeereis + Erdbeereis + Erdbeereis = 15,90 €

Orangenbecher + Spaghettieis + Spaghettieis + Spaghettieis + Spaghettieis = 14,70 €

Orangenbecher + Spaghettieis + Spaghettieis + Spaghettieis + Astronautenbecher = 15,10 €

Orangenbecher + Spaghettieis + Spaghettieis + Spaghettieis + Erdbeereis = 15,20 €

Orangenbecher + Spaghettieis + Spaghettieis + Astronautenbecher + Astronautenbecher = 15,40 €

Orangenbecher + Spaghettieis + Spaghettieis + Astronautenbecher + Erdbeereis = 15,50 €

Orangenbecher + Spaghettieis + Spaghettieis + Erdbeereis + Erdbeereis = 15,60 €

Orangenbecher + Spaghettieis + Astronautenbecher + Astronautenbecher + Astronautenbecher = 15,90 €

Orangenbecher + Spaghettieis + Astronautenbecher + Astronautenbecher + Erdbeereis = 16,00 €

Orangenbecher + Spaghettieis + Astronautenbecher + Erdbeereis + Erdbeereis = 16,10 €

Orangenbecher + Spaghettieis + Erdbeereis + Erdbeereis + Erdbeereis = 16,20 €

Orangenbecher + Astronautenbecher + Astronautenbecher + Astronautenbecher + Astronautenbecher = 16,40 €

Orangenbecher + Astronautenbecher + Astronautenbecher + Astronautenbecher + Erdbeereis =16,50 €

Orangenbecher + Astronautenbecher + Astronautenbecher + Erdbeereis + Erdbeereis =16,60 €

Spaghettieis + Spaghettieis + Spaghettieis + Spaghettieis + Spaghettieis =15,00 €

Spaghettieis + Spaghettieis + Spaghettieis + Spaghettieis + Astronautenbecher =15,40 €

Spaghettieis + Spaghettieis + Spaghettieis + Spaghettieis + Erdbeereis =15,50 €

Spaghettieis + Spaghettieis + Spaghettieis + Astronautenbecher + Astronautenbecher =15,90 €

Spaghettieis + Spaghettieis + Spaghettieis + Astronautenbecher + Erdbeereis =16,00 €

Spaghettieis + Spaghettieis + Spaghettieis + Erdbeereis + Erdbeereis =16,10 €

Spaghettieis + Spaghettieis + Astronautenbecher + Astronautenbecher + Astronautenbecher =16,40 €

Spaghettieis + Spaghettieis + Astronautenbecher + Astronautenbecher + Erdbeereis =16,50 €

Spaghettieis + Spaghettieis + Astronautenbecher + Erdbeereis + Erdbeereis =16,60 €

Manon Sander: Aufgabensammlung Sachrechnen
© Auer Verlag GmbH, Donauwörth

⑦⑤ Top 10 (Seite 61)

a) Hey!
Kling-klang-klong
Wild
LAUT
Sing a song
Kraftakt
Red
Spring
4 to go
Frosty Winter

b) Alle zusammen
P-Group
funny people
Stef
Hello
S.T.A.R.K
D4 3R
Mini
MAX
Schneemänner

⑦⑥ Unser Abschlussfest (Seite 62)

Die Lösung dieser Aufgabe ist recht komplex und die Aufgabe kann teilweise auch auf verschiede Arten gelöst werden. Zunächst einmal muss die Anzahl der teilnehmenden Personen (Kinder und Erwachsen getrennt voneinander) ausgerechnet werden, um den Bedarf an Würstchen und Getränken zu ermitteln. Dann muss geschaut werden, wie das auf die Verpackungseinheiten (Getränkekiste und 10er-Pakete Würstchen) umgelegt werden kann.

Berechnung Kinder (zwei Lösungswege):

1) Kinder aus Klasse: $23 - 3 = 20$
   Zusätzliche Kinder: $1 + 3 + 2 + 3 = 9$
   Das Baby muss wieder abgezogen werden: $9 - 1 = 8$
   Insgesamt: $20 + 8 = 28$
2) Alle Kinder: $2 + 2 + 10 + 1 + 1 + 3 + 3 + 1 + 2 + 1 + 3 = 29$
   Das Baby muss wieder abgezogen werden: $29 - 1 = 28$

Berechnung Erwachsene:

$2 + 20 + 1 + 6 + 1 + 2 + 3 = 35$

Berechnung der Würstchen:

1 Kind und 2 Erwachsene müssen abgezogen werden, da diese sich eigene Würstchen mitbringen.

Kinder: $27 \cdot 1\frac{1}{2} = 27 + 13\frac{1}{2} = 40\frac{1}{2}$

Erwachsene: $33 \cdot 2\frac{1}{2} = 66 + 16\frac{1}{2} = 82\frac{1}{2}$

$40\frac{1}{2} + 82\frac{1}{2} = 123$

Es werden 123 Würstchen benötigt. Da die Würstchen in 10er-Paketen abgenommen werden müssen, muss auf 130 Würstchen aufgerundet werden.

$130 \cdot 0{,}7\ € = 91\ €$

Berechnung der Getränke:

Es sind 28 Kinder (ohne Baby) und 35 Erwachsene, also insgesamt 63 Personen.

$63 \cdot 1\ l = 63\ l$

Manon Sander: Aufgabensammlung Sachrechnen
© Auer Verlag GmbH, Donauwörth

In einem Getränkekasten sind 12 Flaschen, mit jeweils 0,7 l. Je Kasten ergibt sich somit:

$12 \cdot 0{,}7 = 8{,}4$ l

63 l : 8,4 l = 7,5

Benötigt werden also 8 Kästen. Es sollten 4 Kästen Wasser und 4 Kästen mit süßen Getränken gekauft werden. Das Pfand kann unberücksichtigt bleiben, weil die Kästen auch wieder zurückgegeben werden.

$4 \cdot 4{,}21$ € + $4 \cdot 4{,}98$ € = 16,84 € + 19,92 € = 36,76 €

Insgesamt müssen 32,20 € + 36,76 € + 91 € = 159,96 € verteilt werden. Da die Lehrerinnen nichts bezahlen sollen, muss auf 27 Kinder und 32 Erwachsene umgelegt werden.

Dekomaterial/Servietten/Süßigkeiten und die Getränke können gleichmäßig umgelegt werden. Bei den Würstchen wird das Ganze ein wenig schwierig, denn ein Verhältnis von 1,5 zu 2,5 (Würstchen Kinder/Erwachsene) können die Schülerinnen und Schüler noch nicht berechnen. Auch kommt es darauf an, ob die 7½ Würstchen für die 3 Lehrerinnen für alle mit eingerechnet werden oder nicht, denn die Familie, die die eigenen Würstchen mitbringt, beteiligt sich ja sonst nicht an diesen Kosten. Und dazu kommt noch, dass auch dadurch, dass die Würstchen in 10er-Paketen gekauft wurden, etwas mehr Würstchen als benötigt bestellt wurden.

Es gibt an dieser Stelle keine weitere eindeutige Lösung. Das müssen die Kinder selber überlegen und in Kleingruppen diskutieren. Lassen Sie sich von den Schülerinnen und Schülern erklären, warum wer wie viel bezahlen muss. Sie werden die unterschiedlichsten Lösungen in Ihrer Klasse bekommen. Solange die verwendeten Zahlen stimmen und genügend Geld eingesammelt wird, ist jedoch alles erlaubt!

(82) Körper (Seite 68)

Zylinder: besteht aus zwei gleichen Kreisen, zwei Kanten und einem Rechteck
Quader: hat sechs Flächen in drei verschiedenen Größen und 12 Kanten von denen immer vier gleich sind
Kegel: die Grundfläche ist ein Kreis, der Körper hat eine Kante und eine Spitze
Würfel: hat sechs gleiche Flächen und 12 gleich lange Kanten
Pyramide: die Grundfläche ist ein Quadrat, vier gleiche Dreiecke treffen sich in der Spitze
Kugel: hat keine Kanten

(84) Wir machen Knetgummi (Seite 70)

Die Zutaten sind pro Gruppe: 1 l Wasser, 250 g Zucker, 500 g Mehl, 3 Esslöffel Öl, 1 Tube Lebensmittelfarbe, 3 Esslöffel Zitronensäure.

Zitronensäure gibt es in der Apotheke.

Die Masse ist zwar nicht unbedingt genießbar durch das viele Salz, aber auch nicht giftig. Vorsichtig müssen die Schülerinnen und Schüler nur im Umgang mit dem heißen Wasser sein, damit es nicht zu Verbrennungen kommt.

Manon Sander: Aufgabensammlung Sachrechnen
© Auer Verlag GmbH, Donauwörth

⑧⑧ Schuhgrößen in unserer Klasse (Seite 74)

Eine Lösung kann hier nicht angegeben werden, da sich diese Daten natürlich von Klasse zu Klasse unterscheiden.

Den zweiten Teil der Aufgabe, nämlich den Vergleich zwischen Jungen und Mädchen, kann man unterschiedlich lösen. Eine Möglichkeit wäre es zum Beispiel, die Jungen blau und die Mädchen rot einzuzeichnen und dabei die Mädchen alle nach unten zu setzen oder genauso gut die Jungen. Man könnte auch erst eine Säule für Mädchen erstellen und dann daneben die für die Jungen. Eine dritte Möglichkeit wären zwei Diagramme, eins für Mädchen und eins für Jungen.

Alle haben Vor- und Nachteile. Bei dem einen kann man das Gesamtergebnis besser ablesen, bei dem anderen die Unterschiede zwischen Jungen– und Mädchenfüßen besser herausstellen.

Manon Sander: Aufgabensammlung Sachrechnen
© Auer Verlag GmbH, Donauwörth